As notícias mais malucas do Brasil

As notícias mais malucas do Brasil

Alessandro Bender

PARIS
Editorial

Projeto gráfico e montagem de capa
Gustavo S. Vilas Boas

Diagramação
Antonio Kehl

Ilustrações de capa e miolo
Dan

Revisão
Lilian Aquino

Dados Internacionais de Catalogação na Publicação (CIP)
(Câmara Brasileira do Livro, SP, Brasil)

Bender, Alessandro
As notícias mais malucas do Brasil / Alessandro bender. – São Paulo : Paris Editorial, 2005

Bibliografia.
ISBN 85-7244-292-8

1. Jornalismo I. Título.

05-0748 CDD-070.43

Índices para catálogo sistemático:
1. Notícias jornalísticas : Seleção : Jornalismo 070.43

PARIS EDITORIAL

Rua Acopiara, 199 – Alto da Lapa
05083-110 – São Paulo – SP
PABX: (11) 3832 5838

2005

Este livro é dedicado aos autores de duas grandes tentativas de fuga dos últimos tempos:

A de Marciel Basanta López e Luis Gras Rodríguez, que tentaram fugir de Cuba criando o primeiro Buick 1959 anfíbio. O carro funcionou perfeitamente e chegou à costa americana, mas eles foram obrigados a voltar pela guarda costeira.

A de "Juan, o Andino", um urso do zoológico de Berlim, que teve a ótima idéia de pegar uma madeira e usar como balsa para atravessar o fosso de sua jaula, depois escalar a parede e escapar sob o olhar atônito dos visitantes. Juan foi pego no momento em que tentava, sem sucesso, subir numa bicicleta para continuar a sua fuga.

Sumário

Introdução

Para os que conhecem o meu primeiro livro – *As notícias mais malucas do planeta* –, imagino que já saibam o que esperar deste volume. Muitas notícias curiosas, intrigantes e surpreendentes que saíram nos jornais, na internet e em muitos outros lugares que tive acesso. Para os neófitos no assunto, vale lembrar que o mundo é bem mais estranho e menos previsível do que imaginamos. Algumas notícias nos fazem sentir como em um show de desequilibrados, outras questionam a sanidade da raça humana, e outras ainda nos permitem antecipar o futuro, pleno de tecnologia e de insanidade.

Neste livro, dediquei-me mais à pesquisa de notícias malucas do Brasil, mesmo porque essa foi a pedida de muitos leitores. Encontrei um monte delas, mas a quantidade de notícias malucas vindas de além-mar continua maior. Diga-se de passagem que *notícia* não tem relação direta com *fato*. Fatos malucos acontecem a toda hora, em todos os lugares (imagino que seu vizinho ou sua avó possam ser protagonistas de histórias inacreditáveis). Ocorre que nem tudo o que acontece é noticiado, pois nem sempre o acontecido chega aos meios de comunicação, e, quando chega, nem sempre é transformado em notícia. Durante o período em que morei na Amazônia, tive contato com histórias incríveis e fui protagonista de meia dúzia de fatos de cair o queixo, nenhum deles transformado em notícia nos jornais da região. Eles falavam apenas de esporte, notícias do cotidiano, política regional e clima. E isso vale para um grande número de localidades do Brasil. É como se alguns meios de comunicação regionais tivessem vergonha de assumir a loucura cotidiana de seus moradores.

O que fiz nesses últimos tempos foi passar um pente fino em um número absurdo de jornais do Brasil e agências internacionais em busca de notícias saborosas. Algumas são hilárias, como a do assaltante trapalhão do Rio de Janeiro e sua tentativa de fuga maluca, digna de um desenho animado. Outras são intrigantes, como a dos cientistas que descobriram um novo estado da matéria. Por sinal, é o sexto estado da matéria! Você sabia que existem outros estados que não os clássicos sólido, líquido e gasoso? Fiquei besta.

Separei as notícias de maneira diferente neste volume, por países e regiões. Curiosamente, as leituras que esse recorte permite fazer trazem uma visão muito interessante dos temas que, por sinal, são recorrentes nas diferentes localidades do Brasil e do Planeta. Surpresa? Nem tanto. É bom lembrar que pesquisei aquilo que certo tipo de mídia considera "assunto" para ser desenvolvido. Parece haver uma tendência em ressaltar o que é diferente do cotidiano das pessoas.

Para evitar ficar no óbvio, busquei não me ater apenas aos títulos curiosos de notícias, mas sim encontrar dentro delas (mesmo nas aparentemente "sérias" e até "sisudas") indícios de histórias que pudessem se tornar interessantes para quem lê. Como a história de um assalto frustrado à única agência bancária de Fernando de Noronha. Um detalhe: todo mundo conhecia o ladrão, e ele não tinha para onde fugir...

Continuo procurando notícias insólitas e curiosas pelo mundo afora. Este livro teve a colaboração de leitores amigos que enviaram um bom número delas. Se você, leitor, encontrar alguma notícia interessante, não se faça de rogado. Envie para mim. Quem sabe ela não entrará num próximo livro? Meu e-mail é alessandrobender@gmail.com.Uma boa diversão para todos!

Brasil

O que o Brasil tem?

Quando encontramos uma notícia curiosa ou exótica, determinamos, a partir de alguma referência elaborada, o que seria uma notícia "normal", por assim dizer. Imaginamos que um presidente nunca vá deixar de abrir a porta do carro e esperar que a primeira-dama desça. Quando vemos a imagem de um presidente descendo sossegado do carro, a porta se fechando, o carro andando e a primeira-dama com cara de desespero ao ver pela janelinha que seu marido se esqueceu dela, temos uma notícia curiosa.

A princípio todas as notícias devem suscitar curiosidade no leitor, instigar, fazer refletir, mobilizar e todos os verbos interessantes disponíveis por aí. Mas algumas retratam um instantâneo com uma pitadinha de sabor diferente. É quando ela não parece real, parece que o retrato está com a moldura exagerada. Se o jornalista fosse um pintor, diria-se que ele carregou na tinta.

É desse contraste entre o que achamos "normal" e o que encontramos nos jornais que surge a surpresa, o espasmo e, às vezes, o riso. Saber que o

Ministro da Previdência sugeriu recadastrar todos os aposentados com mais de 90 anos exigindo a presença deles nos postos da Previdência gera surpresa no leitor. Mas dificilmente faz rir. Como as crueldades que vemos todos os dias sendo realizadas por grupos terroristas, por gananciosos, imediatistas ou outras variedades de pessoas desumanizadas.

Navegamos hoje por um mundo que a cada dia se torna mais complexo de entender. A tecnologia avançou e o comportamento das pessoas não acompanhou a rapidez das mudanças. Tem gente comprando DVD player sem ainda ter aprendido a fazer com que o relógio do videocassete pare de piscar (por sinal, como se faz isso?).

Mudanças comportamentais também afloraram. O pessoal anda chocado com os casamentos entre pessoas do mesmo sexo. Quero ver quando mais de duas pessoas resolverem casar entre si. Já imaginou? Cinco pessoas no altar? Aquela holandesa que resolveu casar consigo mesma abriu jurisprudência! Tudo é uma questão de tempo.

Aqui no Brasil alguns assuntos têm dado o que falar. O novo código civil levantou uma série de dúvidas nas pessoas, e muitas notícias divertidas. Qual a distinção entre um namoro longo e um casamento curto? Como definir uma "união estável"? O que acontece se ela se transformar em "instável"?

As pesquisas científicas estão se aprimorando e novas experiências têm rendido assuntos muito instigantes. Como a equipe que conseguiu conectar um siri a um computador! Todo mundo querendo que a tecnologia brasileira vá para frente e os caras conectam o computador num bicho que vai para o lado!

Algumas notícias deste livro vão ajudar a entender por que muitas vezes temos a sensação de que as coisas não caminham como esperávamos. Basta citar a pesquisa que demonstra que quase 60% dos professores brasileiros nunca navegaram na internet ou usaram e-mail.

Apesar de tudo, aprendi a não reclamar do Brasil com uma amiga argentina. Num bate-papo, eu estava fazendo o que o brasileiro faz de melhor: falando mal do Brasil. E ela me deu uma baita bronca. "Você conhece algum estrangeiro que veio morar no Brasil e depois foi embora?", ela me perguntou. Estou sem resposta até hoje.

Geral

Vaca que valia R$ 2,4 milhões morre eletrocutada

Deu no *Globo Online*. Outubro de 2004.

São Paulo – A queda de um poste de energia elétrica causou a morte de uma vaca premiada, que valia R$ 2,4 milhões. A vaca, com três anos, era campeã nas cinco principais exposições pecuárias do país e pastava em uma fazenda em Val Paraíso quando foi eletrocutada. Uma outra vaca, avaliada em R$ 100 mil, também morreu. Os dois animais estavam no seguro.

Brasil espera herdar ouro após roubo da urina do cavalo campeão

Deu na *Reuters*. Novembro de 2004.

O desaparecimento da amostra B da urina do cavalo Waterford Crystal, vencedor do concurso individual de saltos da Olimpíada de Atenas, deve invalidar a vitória do conjunto irlandês e transferir a medalha de ouro ao brasileiro Rodrigo Pessoa, disse nesta terça-feira o presidente da Confederação Brasileira de Hipismo (CBH), Camillo Ashcar Júnior.

"Este é um caso inusitado que não pode acontecer em uma prova de Olimpíada e coloca em risco toda a credibilidade do sistema", disse o dirigente à Reuters.

Conduzido pelo cavaleiro Cian O'Connor, Waterford Crystal ficou em primeiro lugar na prova, mas acabou tendo uma substância proibida flagrada no exame antidoping realizado em seguida.

O veterinário do cavaleiro informou que o cavalo havia sido medicado com um sedativo um mês antes dos jogos e estranhava que a substância que deveria desaparecer do organismo em no máximo duas semanas tivesse sido detectada no exame antidoping.

A Federação Eqüestre da Irlanda solicitou a realização da contraprova e a amostra de urina que seria analisada desapareceu do escritório da Federação Eqüestre Internacional, na Inglaterra.

Nesta terça-feira, a entidade irlandesa aumentou ainda mais a polêmica do caso declarando que alguns documentos desapareceram do escritório em Dublin nesta madrugada e que o caso está sendo investigado pela polícia.

Deputado quer proibir nomes de pessoas em animais de estimação

Deu na *Folha Online*. Outubro de 2004.

Projeto de lei apresentado pelo deputado Pastor Reinaldo (PTB-RS) proíbe os donos de batizar seus animais de estimação com nomes de pessoas.

Segundo o parlamentar, a medida evitará os constrangimentos, "em especial às crianças em fase de construção de sua identidade e personalidade".

O projeto, que tramita em caráter conclusivo, está sob análise na CCJ (Comissão de Constituição e Justiça), que designou o deputado Fernando Coruja (PPS-SC) como relator. Na sexta-feira, deverá ser aberto o prazo para emendas ao projeto, a partir do dia 1° de novembro.

Projeto

Segundo a Agência Câmara, pelo texto do projeto, as faculdades de medicina veterinária, as clínicas veterinárias e os estabelecimentos que vendem animais, medicamentos, comidas ou acessórios para animais terão de afixar, em local visível, placa informativa sobre a proibição.

Além disso, parques, aquários e zoológicos que promoverem concurso para escolha de nome dos animais sob sua tutela deverão desconsiderar as sugestões de nomes comuns a pessoas.

De acordo com o projeto, quem insistir em chamar o animal de estimação por nome de pessoa poderá ficar sujeito à multa ou à prestação de serviços comunitários.

Cigarra usa número primo para sobreviver

Deu na *Folha Online*. Junho de 2004.

O ataque das cigarras – como tem sido chamada a emergência sincronizada de algumas espécies do inseto, num ciclo exato de 17 anos – pode ser resultado não do acaso, mas sim de uma forte pressão seletiva. É o que sugere um estudo de pesquisadores brasileiros, que aponta uma solução para o mistério que tem encantado os americanos nas últimas semanas.

A pesquisa faz uso das possibilidades de simular em computador o processo de evolução por seleção natural – área de estudo chamada genericamente de "vida digital". A idéia é criar uma espécie de videogame em que criaturas são simuladas por programas. Elas se reproduzem e sobrevivem como coisas vivas, de acordo com a maior ou menor adaptação.

No caso das cigarras, os pesquisadores conceberam um modelo que mostrasse como poderia emergir o estranho padrão desses insetos. Muitas espécies de cigarra têm períodos diferentes de amadurecimento, com ciclos vitais de duração variada, enquanto as larvas ficam sob a terra. Mas sete espécies do gênero Magicicada têm uma característica adicional: elas são sincronizadas, ou seja, saem do chão todas ao mesmo tempo, para cerca de duas semanas de canto ensurdecedor, acasalamento e postura de ovos.

Para esses grupos sincronizados, é curioso notar que os ciclos normalmente acontecem em 13 ou 17 anos. São números primos, ou seja, divisíveis apenas por si mesmos e por um.

É difícil acreditar que a natureza tenha escolhido aleatoriamente esses números para as cigarras. Apostando nisso, o grupo encabeçado por Paulo Campos, da Universidade Federal Rural de Pernambuco, e composto por Viviane de Oliveira, Ronaldo Giro e Douglas Galvão, da Unicamp, decidiu verificar se a seleção natural poderia ter algo a ver com a coisa.

Uso de computador é baixo entre professores

Deu no IDG *Now!* Maio de 2004.

Um estudo da Unesco divulgado na segunda-feira mostrou que o uso do computador e da internet entre professores brasileiros das redes pública e privada ainda é baixo.

Segundo o levantamento, realizado com 5 mil profissionais, 58,4% dos entrevistados declararam não navegar na internet e 59,6% nunca utilizaram o correio eletrônico. Cerca de 54% dos professores pesquisados afirmaram também não se divertir com o computador.

De acordo com a pesquisa, o nível de renda traz impacto significativo ao acesso aos equipamentos de informática. Somente 3% daqueles que recebem salário mínimo possuem computador em casa.

Para 68% dos padres, homossexualismo é doença

Deu em *O Bedelho*. Abril de 2004.

A homossexualidade é patológica e inaceitável, mas não vai contra a vontade de Deus, segundo pesquisa realizada pela Igreja Católica junto a padres brasileiros. Cerca de 62% dos 758 religiosos entrevistados discordam da afirmação de que a prática "é uma negação da vontade de Deus", disse Luiz Alberto Gomez de Souza, diretor do Centro de Estatísticas Religiosas e Estudos Sociais, que realizou o estudo.

Mas 68% dos padres consideram que a homossexualidade é uma doença que deve ser tratada, e 63% a vêem como uma forma inaceitável de sexo. A pesquisa também mostrou que um número significativo de padres quer regras mais flexíveis para si mesmos no que diz respeito ao sexo. Cerca de 41% deles defendem que o celibato seja opcional, enquanto 48% consideram o dogma importante.

Além disso, 41% dos padres admitiram ter tido relações afetivas – não necessariamente sexuais – com mulheres após a ordenação. A pesquisa não investigou a orientação sexual dos padres. "Alguns bispos ficaram um pouco chocados", disse Souza depois de apresentar a pesquisa na assembléia anual da Conferência Nacional dos Bispos do Brasil (CNBB), que a encomendou.

O arcebispo de Brasília, dom João Braz, considerou a pesquisa "esclarecedora e interessante". "Ela nos surpreendeu em alguns aspectos, mas também nos deixou contentes, porque 94% dos entrevistados se disseram felizes com seu trabalho como ministros (religiosos)", afirmou.

A pesquisa foi feita no ano passado por meio de questionários e envolveu cerca de 4,6% dos 16,6 mil padres católicos do Brasil, com margem de erro de 4%, segundo Souza. Ela será publicada de forma completa no futuro. Cerca de 73% dos 175 milhões de brasileiros são católicos.

"Sexo" é a palavra mais buscada na web em abril

Deu no *IDG Now!* Julho de 2004.

Uma pesquisa realizada pelo site TeRespondo, especializado em links patrocinados no Brasil e na América Latina, mostrou que a internet continua sendo utilizada por muitos brasileiros como ferramenta de busca de temas e assuntos eróticos.

Segundo o levantamento, realizado no mês de abril, "sexo" foi a palavra mais buscada no sistema do TeRespondo, com 61.801 procuras – 33,7% a frente da segunda colocada.

Na seqüência, aparece o termo "acompanhantes", com 46.221 buscas. As palavras "garotas de programa" aparecem na quarta colocação (10.587 buscas), atrás só do termo "jogos" (21.482).

Empregos, concursos e flores surgem em seguida, com 10.039, 9.703 e 9.397 buscas, respectivamente. A expressão "trabalhe em casa" ocupa a oitava posição, com 8.470 buscas, sucedido por "gol" (8.043) e "mercado livre" (6.840).

Segundo o TeRespondo, as palavras "sexo" e "jogos" seguem uma tendência de alta participação nas buscas. Já outras, como "emprego" e "trabalhe em casa", indicam o interesse crescente dos brasileiros por buscas de trabalho.

Paciente brasileiro é um dos que mais sofrem dores no mundo

Deu em *O Debate*. Julho de 2003.

Relatório das Nações Unidas chama a atenção para o pouco uso dos medicamentos opiáceos contra a dor no Brasil.

Desinformação e preconceito por parte de médicos, familiares e pacientes seriam os responsáveis por esse quadro. Especialistas lembram que "não sentir dor é um direito do paciente", direito que deve ser cobrado do Estado e das instituições. Entre as muitas drogas que o país já dispõe, destaca-se a oxicodona (Oxycontin), uma das mais potentes e seguras contra a dor, que, embora de última geração, é também uma das mais acessíveis com relação ao preço no Brasil.

O último relatório da Junta das Nações Unidas que controla o uso de entorpecentes para o alívio da dor destaca o pouco uso das drogas opiáceas nos países em desenvolvimento, inclusive no Brasil. Os opiáceos ou opióides, drogas à base da morfina extraída da papoula, são os mais potentes analgésicos que a medicina dispõe. As Nações Unidas já tinham advertido o Brasil por deixar seus pacientes graves e terminais sofrerem grandes dores desnecessárias. No anúncio do Informe 2002 da ONU, feito recentemente, o professor Elisaldo Carlini, titular da Unifesp e um dos membros da Junta, disse que no Brasil 80% dos pacientes com dores intensas não são tratados de forma adequada. A razão do pouco uso dos opiáceos estaria na desinformação do paciente e de muitos médicos, que temem a dependência do doente ou consideram que seu uso é o último recurso. No ano passado, o Ministério da Saúde lançou o Programa Nacional de Acesso Gratuito aos Opiáceos, colocando na rede pública três dessas drogas.

Orgasmo pode provocar dor de cabeça

Deu em *O Debate*. Abril de 2004.

A chamada "cefaléia orgásmica benigna" afeta igualmente homens e mulheres e está associada a um mau gerenciamento das informações cerebrais.

A desculpa da dor de cabeça para evitar uma relação sexual nem sempre é levada a sério. Mas o que dizer de dores que aparecem durante o ato e persistem após ele? O problema tem nome: cefaléia orgásmica e é mais comum do que se imagina. Esse tipo de enxaqueca afeta igualmente homens e mulheres. Segundo dados da Associação Brasileira para Prevenção da Enxaqueca, 70% dos pacientes com cefaléias relacionadas à atividade sexual queixam-se dos sintomas.

A chamada "cefaléia orgásmica benigna" caracteriza-se por uma dor de cabeça intensa, de início súbito, poucos minutos antes do orgasmo. Atinge o pico de intensidade no momento do orgasmo e desaparece várias horas depois.

Assim como a enxaqueca, o tratamento da cefaléia orgásmica está associado ao reequilíbrio da química cerebral, o que pode ser conseguido por meio de mudanças no estilo de vida. Controlar o estresse, dormir bem, fazer uma alimentação saudável e praticar atividades físicas são as principais orientações para quem quer se livrar do problema.

A cefaléia relacionada à atividade sexual tem muita importância, já que não apenas interfere na vida de quem a tem, mas também na do parceiro sexual. O problema é ainda maior porque muitos desses pacientes envergonham-se do sintoma e não procuram ajuda médica, imaginando que não há nada a ser feito por eles.

Término de namoro pode se transformar em divórcio

Deu em *O Debate*. Abril de 2003.

Com as modificações advindas do novo Código Civil, o namoro pode configurar uma união estável.

O Código Civil de 2003 definiu situações como o concubinato e a união estável. No entanto, o legislador não se utilizou de critérios claros para definir realmente o que é uma "união estável". Por isso, existe uma grande possibilidade e risco real de um namoro passar a ser visto como uma união estável, o que com certeza vai gerar grandes discussões.

Anteriormente, a pessoa se casava e o dinheiro era conseqüência dessa união. Hoje em dia, parece que as pessoas não estão se casando mais com alguém, e sim contra alguém. São inúmeras as precauções quando a questão refere-se a patrimônio. Já existem vários escritórios especializados em redigir Contratos de Convivência de pessoas que vivem em união estável e que querem se acautelar no caso de uma separação, estabelecendo seus direitos e deveres. Assim, todo cuidado é pouco, pois, com a nova lei, o término de um longo namoro corre o risco de se transformar em um "divórcio".

Quem fugir do DNA vai ter que assumir o filho

Deu em *O Debate*. Abril de 2003.

De acordo com o novo Código Civil, a recusa do suposto pai em fazer o exame de DNA implicará confissão da paternidade!

O Código Civil de 2003 trouxe dispositivos que prometem tornar ainda mais acirradas as disputas nos tribunais com relação à definição de paternidade. Com a nova lei, o pai poderá contestar a paternidade a qualquer momento, não vigora mais o período de 2 meses fixado pelo CC de 1916. Mas ao mesmo tempo em que a paternidade pode ser contestada a qualquer momento, a pessoa que se recusar a fazer o exame de DNA vai ser obrigada a assumir a paternidade da criança, e a regra vale tanto para o homem quanto para a mulher. Com essa alteração na lei, o número de pessoas que vão tentar se livrar do exame alegando invasão de privacidade irá diminuir bastante. A lei se baseia no princípio de que quem se nega a realizar o exame não pode se beneficiar de sua recusa. Além disso, direito do menor está acima de qualquer outro direito. Portanto, quando houver dúvida, de agora em diante a melhor saída é se prontificar a realizar o exame de DNA.

Ronaldo usou penteado para encobrir lesão durante a Copa

Deu na *Folha Online*. Setembro de 2002.

Após a festa de apresentação no Real Madrid, o atacante Ronaldo revelou que adotou o exótico corte de cabelo na Copa do Mundo para desviar a atenção da imprensa de uma contusão muscular que sofrera durante a competição.

A informação foi dada em entrevista ao jornal espanhol *As*.

"Foi bom para desviar a atenção durante parte do Mundial. Tive problemas físicos e uma contratura. Mas nem se falou disso e do pouco que treinei antes da semifinal contra a Turquia", disse Ronaldo.

Norte

Condenado por furto de R$ 0,15 consegue habeas corpus

Deu no *Jornal Pequeno*. Agosto de 2004.

O Superior Tribunal de Justiça (STJ) concedeu habeas corpus a Moisés Alves de Souza, que havia sido condenado a dois anos de detenção pelo furto de R$ 0,15. Por unanimidade, os ministros acompanharam o voto do relator, ministro Paulo Medina, que, aplicando o princípio da insignificância, acolheu o pedido da defesa de Moisés, sob o fundamento de que o fato criminoso a ele atribuído não constitui infração penal. Segundo a denúncia do Ministério Público, Moisés e um adolescente retiraram os R$ 0,15 do bolso de uma vítima ferida e caída no chão, que havia sido agredida momentos antes por dois desconhecidos. Moisés foi condenado pela Justiça de primeiro grau. Sua defesa apelou da sentença, mas o recurso foi negado pela Sétima Câmara do Tribunal de Alçada Criminal do Estado de São Paulo. Segundo informações do STJ, em sua decisão, o Tribunal de Alçada considerou a conduta do réu imoral e prejudicial à vítima, que é de origem humilde. Em seu relatório, o ministro Paulo Medina se contrapôs ao entendimento do tribunal paulista. Ele ressaltou que, no crime de furto, o bem jurídico protegido pela legislação penal é o patrimônio. Desse modo, diz ele, embora reprovável e imoral, o furto de R$ 0,15 não gera considerável ofensa patrimonial. "Se prejuízo houve, que seja reparado no âmbito cível", sustentou o ministro no relatório.

Quadrilha acusada de fraudar vestibular usava até soníferos

Deu em *O Bedelho*. Agosto de 2004.

Além da cola eletrônica, a quadrilha acusada de fraudar o vestibular de medicina da Ufac (Universidade Federal do Acre), em 2002, usou sonífero para atrapalhar o desempenho dos demais candidatos do concurso e beneficiar os estudantes cúmplices da fraude.

A afirmação consta da denúncia apresentada segunda-feira pelo procurador Marcus Vinícius Aguiar Macedo à Justiça Federal.

Segundo o depoimento de um dos estudantes envolvidos na fraude, dois candidatos injetaram sonífero em chicletes que foram distribuídos em frente ao local das provas por duas pessoas contratadas e que vestiam camisetas promocionais da marca.

De acordo com o depoimento, estudantes também colocaram sonífero no suco de laranja servido no café da manhã de três hotéis onde diversos candidatos estavam hospedados.

Acusação

Nesta terça, a Justiça Federal acatou a denúncia contra dez supostos integrantes da quadrilha e 28 estudantes que participaram da fraude. Eles irão responder processo pelos supostos crimes de estelionato e falsidade ideológica.

Quatro estudantes foram denunciados também pelo crime de envenenamento de substância alimentícia e irão responder processo criminal. Na quarta-feira, acontecem os primeiros depoimentos.

Em maio, uma ação civil pública afastou liminarmente 21 estudantes do curso de medicina da Ufac suspeitos de terem se beneficiado com a fraude. A decisão foi mantida pelo TRF (Tribunal Regional Federal) da 1ª Região, com sede em Brasília.

O Ministério Público Federal pediu a prisão preventiva de 28 pessoas, o que não foi aceito pela Justiça.

A reitora interina da Ufac, Carolina Sampaio Barreto, disse que a instituição não irá se manifestar neste momento e que o destino das vagas será decidido pelo Conselho Universitário.

As investigações sobre a fraude começaram em setembro de 2003, com base na informação de que um grupo de estudantes, que cursavam anteriormente o curso de medicina na Bolívia, obteve a mesma pontuação nas provas de múltipla escolha e queda acentuada no desempenho na redação.

Pelo menos três integrantes da quadrilha estão presos. Eles foram detidos em um flagrante armado pela Polícia Federal, em junho passado, no vestibular da Universidade São Francisco, em São Paulo. Segundo o Ministério Público, a quadrilha atuava desde 1988 em dez Estados.

Suor de sapo pirateado

Deu em *O Debate*. Junho de 2003.

Substâncias medicinais da fauna e flora nacionais estão mudando de dono. A secreção do sapo Campu, animal cujo habitat é a Amazônia brasileira, poderá ser patenteado por laboratórios internacionais. A droga que atua como reforço do sistema imunológico está sendo usada em pesquisas para a cura do câncer e é estudada em laboratórios da Inglaterra, França e Estados Unidos. Seringueiros e índios katukina, da região do rio Juruá (AC), fazem uso ritualístico dessa substância e relatam um aumento da vitalidade e imunidade.

O alerta é do deputado Henrique Afonso (PT-AC), pois isso aconteceu com o Cupuaçu patenteado por uma empresa japonesa e com o quebra-pedra, planta que combate a hepatite B.

Japoneses registram patente da acerola

Deu em *O Debate*. Setembro de 2003.

Além do cupuaçu, a acerola torna-se marca japonesa.

A empresária paraense Solange Mota levou um susto ao tentar fechar negócio com uma empresa portuguesa, esta semana, para a venda de suco concentrado de acerola. Solange foi avisada pelo empresário português Francisco Esteves de que teria de pagar royalties a uma empresa do Japão porque a acerola tinha acabado de ser patenteada naquele país.

Jogador desaparece do campo em Boa Vista

Deu no JB *Online*. Abril de 2003.

O campeonato roraimense registrou um fato que entrará para o anedotário: o jogo entre Náutico e Rio Negro, pelo torneio estadual, foi interrompido aos 17 minutos do segundo tempo porque um jogador "desapareceu". A partida foi no estádio Flamarion Vasconcelos, o Canarinho, em Boa Vista.

O Rio Negro vencia por 5 a 0 quando o Náutico teve o quarto jogador expulso. O árbitro Francisco Lima decidiu contar o número de atletas e descobriu que faltava um no Náutico. Ou seja: um jogador conseguiu deixar o campo sem ser notado e, assim, evitar que a partida prosseguisse e a goleada fosse ainda maior. Pelas regras, uma equipe de futebol só pode continuar em campo se tiver no mínimo sete integrantes.

Cidade do Piauí comemora hoje o "Dia do Orgasmo"

Deu na *Agência Folha*. Maio de 2002.

As ruas de Esperantina, cidade de 34 mil habitantes no norte do Piauí, estarão hoje repletas de faixas com dizeres como: "O orgasmo é dom de Deus" e "Fim ao silêncio! O orgasmo precisa falar!". É a segunda vez que, no dia 9 de maio, se comemora o Dia do Orgasmo na cidade.

A data quase foi instituída oficialmente no ano passado, mas o prefeito, José Ivaldo Franco (PSDB), vetou o projeto, que havia sido aprovado na Câmara por unanimidade. "Não tenho nenhum preconceito contra o assunto, mas o município tem outras prioridades."

A iniciativa partiu do ex-vereador Arimatéia Dantas (PT), 40, que espera que a comemoração sirva para discutir a questão e quebrar preconceitos, ajudando as pessoas a viver melhor. "O político tem que procurar resolver problemas que vão além de salários, moradia etc. Quando as pessoas acumulam frustrações sexuais, acabam extravasando em forma de violência."

Dantas teve a idéia depois de constatar que algumas companheiras demoravam tanto para atingir o orgasmo que ele não conseguia esperar por elas.

Objeto não identificado chega a Teresina

Deu no *Meio Norte*. Julho de 2004.

O material que caiu na cidade de Batalha (norte do estado), assustando a população, está em Teresina para ser analisado. Há suspeitas por parte da população que viu a queda do material de que se trata de parte de um Objeto Voador Não Identificado (OVNI).

A secretaria de Segurança Pública ainda não sabe a composição do objeto, mas tudo indica que se trata de pedaço de aço, uma espécie de chapa.

O secretário estadual de Segurança Pública, Menandro Pedro, determinou ao diretor do Departamento de Polícia Científica do Estado, José Luís, que avalie o material. "Também recomendei às pessoas que não tocassem nessas peças para evitar algum tipo de irradiação, caso exista este perigo, pois temos interesse em analisar o material, mas também há preocupação com a saúde dos curiosos", frisa o secretário.

Existe possibilidade desse material ser analisado fora do Piauí, pois no Estado não há condições e nem sistema suficiente para fazer este tipo de pesquisa. Uma parte do objeto tem cor vermelha e a outra é cinza. O material foi visto por muitas pessoas no dia que caiu e as pessoas querem saber de que se trata.

Nordeste

Arma falha e assaltantes mordem vítimas em Paulista

Deu no JC *Online*. Março de 2003.

O assalto a um veiculo de transporte alternativo na noite da quarta-feira, na ponte do Janga, no município de Paulista, teve um desenrolar inusitado.

Dois homens subiram numa besta na rua do Sol, no centro do Recife e, quando o veículo passou pela ponte do Janga, anunciaram o assalto.

Os passageiros da van se revoltaram e se voltaram contra os assaltantes, que tentaram atirar. A arma falhou e os bandidos passaram a morder as vítimas.

Os passageiros ficaram feridos nas mãos, costas e braços. Os assaltantes, Joseival Expedito da Silva e Alessandro Félix da Silva, foram rendidos e autuados na Delegacia do Janga.

Os acusados serão encaminhados à Penitenciária de Igarassu.

Noiva paga R$ 240 por atraso de casamento em templos da Igreja Adventista

Deu na *Folha de S.Paulo*. Fevereiro de 2004.

Uma das maiores tradições das cerimônias de casamento realizadas no Brasil – o atraso da noiva – agora custa um salário mínimo de multa para os adeptos da Igreja Adventista do Sétimo Dia da Bahia.

Revoltado com os atrasos das noivas, o pastor Ivo Júnior, 46, que comanda um templo localizado no centro de Salvador, tomou uma atitude radical – instituiu uma multa no valor de um salário mínimo (R$ 240) para atraso superior a 30 minutos.

"Os noivos são avisados logo que marcam a data do casamento", disse Ivo Júnior, que resolveu cobrar a multa depois que foi obrigado a esperar quase três horas por uma noiva, há seis meses. A decisão adotada pelo pastor ganhou força dentro da própria igreja.

"Muitas das 313 igrejas adventistas espalhadas pela Bahia já adotaram a mesma medida", disse a secretária Tânia Garrido. Segundo Ivo Júnior, a igreja não cobra nenhuma taxa para realizar um casamento.

Esfera metálica que caiu do céu desaparece no Ceará

Deu no UOL. Agosto de 2004.

Eram os deuses astronautas? Astronautas que querem chegar à Terra pelo Ceará? Um mistério envolve o estado nordestino desde que a esfera metálica que caiu do céu de forma misteriosa na semana passada sumiu. Testemunhas afirmam que o objeto foi furtado. Nesta terça, a polícia começou as buscas pelo município de Boa Viagem (215km de Fortaleza).

A bola, de 30 kg e 50 cm de diâmetro, havia ganhado apelido de "ovo do ET", mas sua origem não era extraterrestre. Segundo o ufólogo Reginaldo de Athayde, do CPU (Centro de Pesquisas Ufológicas), o material era apenas sucata espacial de um foguete lançador de satélites norte-americano, chamado Delta 2, que partira em julho do ano passado. "Os EUA já sabiam que a peça iria cair." Outros pedaços também caíram, na semana passada, no Piauí e no Maranhão.

"Tem muita gente que viu uma bola de fogo cair do céu e que pensava que fosse uma bomba, mas eu não acredito em nada disso não, porque explicaram tudo muito direitinho, que é um bujão de foguete", disse a dona de casa Helena Antônia de Araújo, 52.

Para que ninguém chegasse perto, a prefeitura colocou uma cerca de arame farpado e um vigia. Todos esses cuidados não impediram, porém, que o objeto fosse levado. Testemunhas disseram à polícia que o ladrão era um homem alto, magro, de cabelos e barba grisalhos e que dirigia uma camionete branca. Fora isso, não há mais nenhuma pista.

"Deve ter sido alguém de fora, porque não deixou rastro. O medo é que vendam a peça para um ferro-velho", afirmou Athayde, que começou uma campanha, com outros ufólogos do Ceará, para tentar encontrar o objeto. Um inquérito policial foi instaurado para apurar o caso. O destino da esfera já estava definido: ficaria exposta, sob uma redoma de vidro, na biblioteca de uma escola, e poderia ser visitada como atração turística.

Motorista descobre que é um "defunto vivo"

Deu no *Diário do Nordeste*. Maio de 2004.

Juazeiro do Norte – Uma situação estranha que gera brincadeiras, mas vem trazendo prejuízos ao motorista Paulo Romero Pereira Silva, de 38 anos, natural de Juazeiro. Ele ficou surpreso ao obter a informação de funcionários do Cartório do 1° Ofício deste município de que, há 10 anos, havia sido declarado morto e sepultado no Cemitério Público da Vila Miguel Xavier, no município de Caririaçu.

Tudo começou quando Paulo foi em busca da 2ª via do Casamento Civil para tirar novos documentos, pois os seus haviam sido extraviados. Foi quando descobriu tratar-se de um "defunto vivo", como vem sendo chamado. O Cartório de Juazeiro apresentou a Certidão de Óbito número 1.077, expedida pelo Cartório do 1° Ofício de Caririaçu, cujo assentamento foi feito no dia 16 de julho de 1994.

Um misto de surpresa e preocupação tomou conta do motorista, que está desempregado e precisa dos documentos. De acordo com o atestado, ele teria morrido no dia 18 de junho de 1994 no Sítio Mata Pasto em Caririaçu, cuja cidade "muito pouco conheço". Ele também diz não conhecer Manoel Vieira Sobrinho, que foi o declarante no cartório de sua morte com causa ignorada. O escrevente substituto foi Antônio Oliveira Costa.

Brincando, ele diz que o seu "retorno à vida" está demorando muito e necessita dos documentos, o que só será possível quando a justiça anular sua morte. A reportagem buscou informações sobre a tramitação do processo e soube que a juíza de Caririaçu, Maria José Rosendo, está viajando. Um funcionário do fórum disse apenas que o representante do Ministério

Público vai solicitar a marcação de uma audiência com Paulo Romero para confirmar se ele realmente está vivo.

Grevistas do cemitério fazem banquete sobre túmulos

Deu no JC *Online*. Setembro de 2003.

Funcionários do cemitério de Santo Amaro, no Recife, em greve há dois dias, promoveram na manhã desta quarta-feira um protesto inusitado contra o atraso no pagamento dos salários: um café da manhã sobre os túmulos.

O banquete mórbido marca a manifestação dos trabalhadores ligados à empresa Limpol Serviços de Limpeza, que não realizou o pagamento que deveria ter sido feito na última sexta-feira.

Os salários de R$ 261 reais mais taxa de insalubridade, além dos vales-transportes, têm chegado às mãos dos funcionários com alterações de parcelamento e atraso nos últimos três meses, segundo os grevistas.

A empresa, que presta serviço à Prefeitura do Recife, ainda não se pronunciou sobre a paralisação.

Agricultor morre com bebida receitada por curandeira

Deu em *O Estado de S.Paulo*. Agosto de 2004.

Salvador – O agricultor Edvaldo Rodrigues de Moura, de 59 anos, morreu ontem na zona de rural de Itapetinga, a 571 km de Salvador, ao ingerir uma "garrafada" de bebida artesanal feita com miúdos de perdiz, banha de galinha, óleo e cachaça. A "receita" foi passada pela curandeira Luzia Maria da Silva, de 63 anos. Moura era alcoólatra e tentava se livrar do vício.

Vizinhos recomendaram que ele procurasse Luzia, que costumava tratar males do tipo em moradores do povoado de Bandeira do Colônia em Itapetinga. Moura foi à casa da curandeira em companhia de uma irmã. Luzia fez um "exame" rápido e recomendou a "garrafada" que ela própria fabricava.

Logo depois de tomar uma dose, o agricultor começou a se sentir mal e morreu. A família do morto ainda sofreu para sepultá-lo, pois não foi possível fazer a necropsia do corpo em Itapetinga e Vitória da Conquista.

Somente depois de percorrer 500 km, os familiares conseguiram que o Instituto Médico Legal da cidade de Itabuna realizasse a necropsia para o corpo ser enterrado. A delegacia de Itapetinga indiciou a curandeira Luzia por charlatanismo, mas ela vai responder o processo em liberdade.

Pesquisadora descobre eficácia do cimento no tratamento da cárie

Deu em *O Bedelho*. Agosto de 2004.

Parece estranho, mas é fato: pesquisadora da UPE (Universidade de Pernambuco) descobriu que o cimento Portland pode ser utilizado em restaurações dentárias. Gerhilde Callou Sampaio, professora de patologia bucal, identificou que o produto protege a polpa – camada do dente acima da raiz – no caso de cáries profundas ou de tratamento de canal.

A pesquisadora aplicou o cimento, diluído em água destilada, em 15 dentes terceiros molares (os chamados "dentes do juízo") de homens e mulheres com idade entre 20 e 46 anos. "Não houve necrose do tecido e a polpa não foi perdida em nenhum dos casos; pelo contrário, o cimento promoveu seu reparo", explica Gerhilde.

De acordo com o cirurgião-dentista Silvio Nosé, existem vários tipos de cimento de forramento, a maioria deles à base de cálcio, que servem para proteger a polpa. "Em remoções profundas, se a polpa não for protegida, a saliva entra em contato com essa superfície, o que pode causar infecções", diz.

Para o presidente da Associação Brasileira de Odontologia, Norberto Francisco Lubiana, "toda nova pesquisa é vista com bons olhos". Ele explica que alguns cimentos são ideais para proteger a polpa, enquanto outros servem para "fazer um núcleo de preenchimento, em casos de canal ou quando o dente está muito destruído, para que se possa reconstruir o dente".

O uso do Portland pode beneficiar principalmente a população de baixa renda, já que, segundo Gerhilde, o produto mais utilizado hoje para esse tipo de intervenção é um pó importado que custa R$ 172 o grama. "Depois de patentearmos o produto e o adequarmos às condições de produção, ele deverá custar de R$ 20 a R$ 30 o grama", diz a pesquisadora.

Decreto de prefeito baiano veta pagode e axé em festa junina

Deu em *O Bedelho*. Junho de 2004.

Principal ritmo que anima as festas juninas no Nordeste, o forró é tema musical obrigatório nos festejos de São Sebastião do Passé (a 60 km de Salvador). Um decreto, por determinação do prefeito Zezito Pena (PFL), estabelece que o gênero musical seja o único a ser executado em todos os locais públicos do município durante os dias da festa, que começa na próxima quarta-feira e termina no domingo.

Segundo o prefeito, esta medida foi necessária para garantir a autenticidade da festa. "A intenção é preservar a tradição da manifestação popular, que tem a cara do Nordeste brasileiro, e evitar a descaracterização das festas de São João e São Pedro, que, a cada dia, têm tocado mais pagode e axé do que forró", disse Pena.

Para que a lei seja cumprida, a polícia vai fazer a fiscalização dos shows das bandas que irão tocar nas praças e de sons mecânicos em bares, barracas e restaurantes na área da festa.

A medida desagradou alguns foliões que vão passar o São João na cidade. "Já fizeram isso no Carnaval de Olinda e não deu certo. No São João tem que reinar a democracia, cada um escuta e dança o que quer", disse a artista plástica Lívia Dias, que já pensa em passar o São João em outra cidade, onde o ritmo não seja obrigatório.

Entre as atrações, contratadas pela prefeitura, que irão tocar em São Sebastião do Passé estão Dominguinhos, Trio Nordestino, Adelmário Coelho e Targino Gondim.

Candidato concorre sozinho

Deu no *Jornal de Brasília*. Julho de 2004.

Santarém (PB) – Nas eleições de outubro, o pequeno município localizado na região do Alto Sertão paraibano será palco de um fato inusitado, sem registro similar em outra parte do País. A cidade registrou apenas uma candidatura para prefeito. O único a se inscrever para o comando do Executivo municipal foi Nil Barateiro (PMDB). Santarém tem apenas 2.584 habitantes e 1.790 eleitores, distribuídos em oito seções eleitorais. A Câmara Municipal não foi atingida pelas mudanças impostas pelo TSE e mantém suas nove cadeiras para vereador. Considerando-se o número de eleitores, um vereador pode ser eleito com apenas 150 votos.

Parabéns para buraco no Alecrim

Deu no *Diário do Norte*. Agosto de 2004.

Um aniversário inusitado e nada agradável foi comemorado ontem na Avenida Presidente Quaresma, no Alecrim. Diversos comerciantes prepararam um bolo, com direito a parabéns e tudo para um buraco no meio do asfalto que, segundo eles, há pelo menos cinco anos é problema recorrente. O reparo é feito, entretanto, o buraco volta a aparecer. O perigo de acidentes é constante. Os carros precisam passar devagar e de vez em quando, segundo os comerciantes, ocorrem transtornos, como pneus rasgados, problemas na suspensão e quebra de eixo dos veículos.

Para o vice-presidente da Aeba, Derneval de Sá, 53, a medida de comemorar o aniversário do buraco, alusivo ao descaso da Prefeitura, não foi uma "medida aleatória". Segundo ele, depois de vários contatos e de audiências negadas, a saída que encontraram foi fazer a manifestação. Embora suspensa a instalação dos parquímetros, os comerciantes temem sua reinstalação no próximo ano e alegam cobranças "extorsivas" contra a população.

O homem que defende a lei por versos

Deu no *Diário do Norte*. Janeiro de 2003.

Filho de um minerador com uma dona de casa, desde criança Adebal Ferreira Silva conviveu entre os feirantes de Currais Novos, com eles aprendeu elementos da cultura popular como o coco e o cordel. Mais tarde formou-se em advocacia e levou para sua profissão o aprendizado da infância. Com seu jeito simples e a facilidade que tem para fazer rimas, ele conseguiu quebrar a sisudez da linguagem utilizada nos júris quando passou a defender seus clientes em forma de verso. Hoje, ele tem orgulho de dizer que já fez mais de 100 júris em verso e seu próximo desafio, que pretende cumprir até o meio de 2003, é fazer uma defesa cantada em forma de coco: "Quero cantar um coco na tribuna. Vou fazer tipo vaquejada, quero usar como exemplo o personagem João Grilo, do Auto da Compadecida, de Ariano Suassuna", garante Adebal.

A idéia de utilizar uma linguagem popular e em verso durante as defesas que faz nos tribunais surgiu quando Adebal foi convocado em 1994, pelo então juiz de Currais Novos, Cristóvão Praxedes, para defender o trabalhador rural Roque André de Cerro Corá. O agricultor havia sido agredido com golpes de faca e revidou dando quatro facadas. Sua reação provocou a morte de seu agressor. O júri acatou a defesa e seu cliente foi absolvido por seis votos a um.

Além das sustentações orais em verso que faz em defesa de seus clientes, Adebal também ousou em outro quesito. Fez uma petição em rimas sobre retificação de registro de uma pessoa de brejinho. "O juiz Fábio Wellington Ataíde Alves, hoje juiz em Santo Antônio, respondeu a sentença também em versos. Agora estou escrevendo um livro, cujo título é 'Técnica processual em verso: uma proposta para a humanização do processo'. A minha proposta é quebrar a rigidez dos júris".

Autodidata, Adebal Ferreira aprendeu sozinho a falar inglês, enquanto traduzia as músicas do grupo Os Pholhas. "Sou meio maluco", admite, e continua: "Já cantei até um coco em inglês para uns gringos em 1977, na Praia do Meio, com forte sotaque nordestino. Quando fui pedir a mão da minha esposa em casamento também fiz em rima", afirma e repete o verso: "Zé Anjo (referindo-se a seu sogro) o dia tá bonito/ O céu amanheceu azul/ Eu já tomei muita cachaça/ que nem sei dizer a tu/não sei mais se vou para o Norte/ Nem também se vou para o Sul/ E essa conversa toda/ É pra lhe pedir Marilu". Ele termina contando que seu sogro não teve como negar o pedido.

STJ decide se pode manter propriedade com plantação de maconha

Deu em *O Debate*. Maio de 2004.

A União tenta derrubar, no Superior Tribunal de Justiça (STJ), a decisão do Tribunal Regional Federal 5ª Região (TRF 5ª Região), sediado no Recife (PE), de retirar de casal de idosos a propriedade de terra em que foi encontrada plantação de maconha.

A questão ainda não está definida, pois o pedido de vista interrompeu a análise pela Segunda Turma do Tribunal.

Avaliou o TRF que os proprietários não tinham como se opor ao plantio ilícito, por ser a área de difícil acesso e, ainda, por ser o cultivo feito por pessoas consideradas violentas, perigosas e sempre armadas. Toda essa situação levaria aos perigos do fornecimento de informações à polícia, pois o "Poder Público não oferece condições para que os agricultores possam, sem risco, denunciar a plantação de maconha em suas propriedades. "O raciocínio levou o Tribunal a concluir pela "inexistência de culpa dos expropriados".

Santos da moda

Deu no *Correio da Paraíba*. Agosto de 2004.

Depois de Santo Expedito e Nossa Senhora Desatadora dos Nós, "o santo da moda" no Brasil agora é Nossa Senhora da Defesa, cuja imagem empunha uma espada, utilizada não como arma, mas como símbolo de justiça. A santa justiceira, difundida no país através do Padre Marcelo Rossi, tem conseguido um número cada vez maior de fiéis, já que os devotos acreditam no seu poder para resolver problemas práticos e atuais, como a violência.

Os milagreiros da moda ou heróis da fé são invocados para obras cada vez mais específicas. Nada de defender contra as tentações do mal. Os santos protetores, oficiais ou originários da tradição popular, são procurados hoje para solucionar problemas da vida cotidiana. Existem santos para skatistas (Santa Lidwina), palhaços (São Mathurin), internautas (Santo Isidoro da Servilha). Santos para presos políticos (São Maximiliano Kolbe), crises no casamento (Santa Rita de Cássia), amor perdido (São Valentim) e difamação (São João Nepomuceno). Santo até para passar em concursos (São José de Cupertino) e um para cada tipo de doença, como hemorróidas (São Fiacre), otite (São Policarpo) e ressaca (Santa Viviana).

Jumento-táxi chega ao verão de Galinhos

Deu no *Diário do Norte*. Dezembro de 2003.

Um serviço pitoresco e exclusivo já está se tornando marca registrada de Galinhos e promete ser uma das atrações do verão, mais uma vez. Trata-se do "Jumento-Táxi". Por uma tarifa a partir de R$ 2,00, o turista pode se deslocar pelas praias e mesmo por dentro da cidade, a bordo desse animal característico do Nordeste, guiado por um profissional especializado.

O "Jumento-Táxi" é sem dúvida uma das opções mais baratas e curiosas para cruzar praias como Galinhos, Farol, Galos e Capim, que compõem o cenário desse município do litoral Norte, situado a 170 km de Natal. A taxa pela corrida varia de acordo com o percurso, mas geralmente não ultrapassa os R$ 5,00.

Santa Cruz testa náufragos africanos

Deu no *Último Segundo*. Janeiro de 2004.

A diretoria do Santa Cruz-PE descobriu um meio curioso e inovador de reforçar seu time.

Alguns africanos que foram jogados ao mar de Recife em novembro do ano passado e estão morando na capital de Pernambuco foram convidados a fazer alguns testes no Arruda. Os dirigentes do clube têm esperança em descobrir entre eles um craque. Os náufragos começaram a treinar nesta segunda-feira, após a apresentação do grupo de profissionais que voltou das férias. Como o clube foi o que fez menos contratações para 2004, a informação sobre a presença dos estrangeiros gerou especulação e brincadeira. Porém, o dirigente Sílvio Belém, integrante do colegiado que comanda o futebol do tricolor pernambucano, acabou com a alegria dos africanos e descartou qualquer possibilidade de aproveitamento de algum deles. Sílvio explicou que, a pedido do pessoal que cuida dos náufragos em Recife, eles foram ao Centro de Treinamento do clube jogar futebol, mas só para se divertirem.

Loja é incendiada pelo próprio dono no Recife

Deu no JC *Online*. Março de 2003.

O Corpo de Bombeiros atendeu a um caso inusitado na noite da segunda-feira.

Por volta das 23h40, os bombeiros foram acionados para debelar um incêndio numa loja de móveis na rua Gervásio Pires, no bairro da Boa Vista.

Chegando lá, os bombeiros encontraram a loja aberta e o proprietário, o comerciante Romildo Zirpoli, de aproximadamente 50 anos, sentado numa cadeira olhando o foco do incêndio, de pequena proporção.

Zirpoli assumiu ter causado as chamas e alegou tê-lo feito como forma de se livrar de pessoas que o estavam perseguindo.

Os bombeiros entregaram o caso à Polícia Militar, que prendeu o comerciante em flagrante. Ele foi autuado na Delegacia de Santo Amaro.

Homem foge nu da cadeia de Parelhas

Deu no *Diário do Norte*. Abril de 2004.

Ronari Welber de Souza Lima, 18 anos, foi preso na tarde de terça-feira, suspeito de roubar várias bicicletas na cidade. Vinte minutos depois de ser

colocado na prisão, por volta das 16h50, escapou. Pulou a parede da cela que estava e teve acesso a outra cela, esta desativada, sem grades e escalou o muro que cerca a cadeia.

Sob os olhares de muitos curiosos, saiu correndo totalmente despido pelas ruas de Parelhas. A polícia só veio tomar conhecimento da fuga devido aos telefonemas dados pela população para a delegacia local informando o que estava acontecendo. Os PMs, ao chegarem na cela, confirmaram.

A polícia informou que Ronari estava despido na cela porque, ao ser preso, disse que iria suicidar-se. O delegado de Parelhas, Raimundo Lucena, informou que Ronari Welber, ainda foragido, será intimado depois a comparecer à delegacia.

Cabo da polícia tem caixão em que enterraria o irmão roubado

Deu no *Diário do Norte*. Abril de 2003.

O cabo PM Ubiramar Alves, lotado na cidade de Catolé do Rocha, vivenciou um fato duplamente inusitado no feriadão que passou. Além de ter o irmão assassinado pelo próprio filho, teve o caixão que comprou para usar no sepultamento roubado. Na madrugada da sexta-feira, ele foi pegar o caixão para levar o corpo do seu irmão, Eliazibe Alves, para sepultamento.

Veio a surpresa: o caixão tinha sido roubado. "Quando eu cheguei na funerária, chamei e disse que tinha ido pegar o caixão. O dono me respondeu que como eu ia de madrugada tinha deixado em cima da caminhoneta em frente à sua casa e que eu pegasse. Quando fui na camioneta, não encontrei nada". Eliazibe Alves da Silva, irmão do cabo, tinha 34 anos e era feirante. Ele foi vitimado por um disparo de revólver calibre 32, desferido pelo próprio filho F.A.A., 16 anos.

Ladrões tentam roubar objetos de motel, mas são surpreendidos

Deu no *Diário do Norte*. Março de 2004.

Após entrarem no apartamento 8 do L'amores Motel, dois homens tentaram roubar praticamente todos os objetos do referido quarto. Segundo a queixa que foi prestada na delegacia, por volta das 2 horas, um deles tentou sair em uma moto. O recepcionista, através do interfone, procurou saber do companheiro daquele que pretendia deixar o motel se tudo estava normal, recebendo a resposta afirmativa.

Meia hora depois, a mesma pessoa que tinha saído na moto retornou ao motel, indo para outro quarto. Quando o ocupante que ficou no apartamento 8 pediu a conta e já pretendia sair, o gerente do motel foi ao quarto e teve uma surpresa. Só estavam a cama e o colchão.

Tinham sido retirados ar condicionado, televisão, bebidas e até o cardápio. O gerente Jadson Pereira acionou a polícia por telefone e tentou, através de diálogo na recepção, enganar os dois enquanto os policiais chegavam. Desconfiados, eles fugiram pulando o muro do motel, antes da chegada dos policiais. A polícia, ao chegar ao estabelecimento, encontrou um carro, uma moto, um telefone celular, deixados pela dupla, além dos objetos que iriam ser roubados dentro do veículo.

No carro foram encontrados documentos em nome de Eli Sérgio Emanoel Maia, residente no bairro Barra Nova, que está sendo procurado pela polícia como um dos autores da tentativa de roubo. Eli Maia já esteve preso em Caicó como suspeito de assalto à mão armada no ano passado.

Fernando de Noronha tem índice de criminalidade próximo de zero, mas com assalto a banco

Deu no *Jornal do Comércio*. Julho de 2004.

Zero homicídios; índice de criminalidade de 0,066% (dois condenados, por apropriação indébita e roubo de uma lancha – em uma população de 3.100 pessoas); nenhum processo envolvendo porte ou consumo de drogas; mínimo índice de separações ou divórcios; casamentos feitos apenas em um ou dois dias do mês; prisões rápidas que se limitam a casos de bebedeiras, agressões leves ou desacato à autoridade. Com esses seis tópicos, o juiz de direito Fausto Campos e o promotor de justiça Erik Simões apresentam, para o Espaço Vital, uma espécie de resumo judicial de Fernando de Noronha.

Mas, nesse contexto, uma exceção chama a atenção. Em meados de 1998, os três funcionários da única agência bancária existente na ilha – em seu ponto mais central – tiveram a surpresa de se verem ameaçados por um revólver empunhado por um motoqueiro, de capacete com a viseira escurecida por um plástico fumê. "É um assalto!" – avisou ele, ante a reação do caixa, que imaginou estar diante de uma "palhaçada" feita por algum cliente. Quando o assaltante engatilhou o revólver, os bancários perceberam as verdadeiras intenções do visitante e lhe passaram às mãos toda a "fortuna" da agência do Banco Real naquele dia: R$ 10 mil em dinheiro e R$ 5 mil em cheques.

Em menos de três minutos, o assaltante evadiu-se em sua moto – devidamente identificada pela própria placa – levando numa mochila o dinheiro que lhe permitiria "colocar as contas em dia". O amadorismo do assalto foi desmascarado pela presença de uma turista que estava próxima e que, querendo fotografar o Banco Real, captou também a moto estacionada. Foi uma questão de horas para a polícia localizar o assaltante ("Zé" – digamos), recuperar quase todo o dinheiro e despachá-lo para um presídio em Recife.

Conhecido como "gente boa", sem antecedentes, momentaneamente desempregado, "Zé" contou depois com a generosidade da população, que fez um abaixo-assinado para que ele cumprisse a pena de oito anos no xadrez que as polícias civis e militar mantêm na ilha. Deferido o pedido, o ex-atrapalhado assaltante voltou a Fernando de Noronha em 2000, já em progressão de regime, transformando-se – no regime semi-aberto – no mais bem-sucedido produtor de hortaliças da ilha. Na quinta-feira da semana passada, penúltimo dia de sua jurisdição em Fernando de Noronha, o juiz Fausto Campos grafou, em sua agenda, dois fatos que se tornarão inesquecíveis naquele 22 de julho: "Zé" compareceu ao gabinete do magistrado para casar-se e para receber seu alvará de soltura. É um caso raro de recuperação e plena reintegração social. Talvez "o paraíso" explique isso.

Centro-Oeste

Ataque de abelhas atrapalha resgate

Deu no *Jornal de Brasília*. Maio de 2004.

Em resgates de acidentes de trânsito, a atuação dos bombeiros geralmente é dificultada pela aglomeração de curiosos. Ontem, porém, o cenário na Via S-1, às margens do Parque da Cidade, foi exatamente o contrário. Abelhas, muitas abelhas enfurecidas, espantaram quem tentou prestar socorro a Gláucia Santos Braga, inclusive os bombeiros, que durante meia hora foram picados na tentativa de livrar a vítima das ferragens de seu carro e do ataque dos insetos.

Pouco antes das 14h, o carro que Gláucia dirigia perdeu o controle e chocou-se contra um poste elétrico de alta tensão, onde havia uma colônia de abelhas. O poste caiu sobre o veículo, assustando os insetos, que iniciaram o ataque. Em cinco minutos, os bombeiros chegaram ao local (em frente ao edifício Meliá Brasília Center), mas só conseguiram resgatar a vítima por volta das 14h30 e depois de muitas ferroadas. Gláucia foi levada para o Hospital de Base (HBDF), com escoriações nos braços e nas pernas e com o rosto extremamente picado. Durante o resgate, os bombeiros –

sem equipamentos de proteção contra as abelhas – tentaram espantá-las usando extintores e uma tocha de fogo sobre o enxame. As abelhas, contudo, não deram trégua. No trajeto entre o veículo de Gláucia e a viatura dos bombeiros (um trecho de aproximadamente dez metros), a maca caiu três vezes. "Mal conseguíamos enxergar", contou o soldado Izanildio Aguiar, que chegou desmaiado ao HBDF por conta das ferroadas. Segundo ele, em situações normais, os cinco bombeiros que atenderam a ocorrência teriam feito o resgate em dez minutos. "Não levamos as capas de proteção contra abelhas porque não fomos avisados do imprevisto".

Enterro de girafa

Deu no *Jornal de Brasília*. Dezembro de 2003.

A diretoria da Caesb recebeu um convite inusitado: participar do enterro da girafa Bia, que morreu esta semana. O zoológico de Brasília estava precisando de uma retroescavadeira para fazer a cova do animal, e junto com o convite, solicitou a máquina.

Cobras enviadas por Sedex

Deu no *Jornal de Brasília*. Fevereiro de 2004.

O Instituto Brasileiro do Meio Ambiente e dos Recursos Naturais Renováveis (Ibama) descobriu um inusitado esquema de tráfico de animais silvestres do interior de São Paulo para a Europa. Os traficantes enviavam cobras raras pelo correio.

Uma funcionária dos Correios descobriu 12 jibóias dentro de pacotes de Sedex. O Ibama foi acionado e identificou que se tratavam de espécimes raras da jibóia papagaio – menores que outras jibóias e de cor verde. O animal é avaliado em cerca de US$ 1 mil no mercado negro.

As cobras foram despachadas em sacos dentro de pacotes de Sedex da cidade de Rio Preto (SP). O destinatário era o goiano Fábio Kléber Silva, que foi preso em flagrante por tráfico internacional de animais e maus-tratos. Ele confessou que levaria as cobras para Belém (PA), de onde embarcariam para a Holanda e de lá para outros países. Pelo serviço, receberia cerca de R$ 3 mil. Fábio pode ser condenado de três meses a 1 ano de prisão.

Presente de grego

Deu na *Folha de S.Paulo*. Agosto de 2003.

O ministro da Casa Civil, José Dirceu, levou um baita susto na semana passada. Foi informado pela Caixa Econômica Federal que era uma "cópia" o relógio Rolex que recebera de presente do deputado José Carlos Martinez (PTB-PR) e que doara ao programa Fome Zero. Em bom português, uma falsificação do famoso e caríssimo relógio.

O ministro ficou contrariado. O Rolex já lhe rendera tremenda dor de cabeça. A amigos, contou que, quando o ganhou, num jantar promovido por Martinez no começo do ano, foi dormir tarde e se esqueceu da proibição do código de ética do governo federal. Só o doou um dia depois.

Autoridades como Dirceu estão impedidas de receber brindes superiores a R$ 100. Há algumas exceções para o presidente. Pelo código, se superior a R$ 100, o presente deve ser devolvido ou doado ao patrimônio da União.

Imediatamente, Dirceu telefonou para Martinez e contou que a Caixa, que avalia objetos de valor doados ao governo, diagnosticara a falsidade do relógio.

"Martinez, te enganaram. O Rolex que você me deu de presente é falso", afirmou o ministro, segundo relato do próprio Martinez. O deputado, que é presidente do PTB, um dos partidos da base do governo Lula, pediu "mil desculpas" e se prontificou a providenciar "um novo Rolex para o Fome Zero".

Na versão de Martinez, ele comprou o relógio de um amigo em novembro do ano passado, por R$ 5.000. A Folha insistiu para que o deputado revelasse a identidade do vendedor, mas ele se recusou: "É uma pessoa sem importância, lá do Paraná. Estou chateado. Você conhece o ditado: 'Quem compra mal, paga duas vezes'", justificou-se.

Após a conversa com Dirceu, Martinez disse que foi "à maior joalheria de Curitiba, representante da Rolex", e comprou um novo por R$ 12 mil. "E o relógio falsificado, deputado?", indagou a Folha. "Fiquei tão chateado que joguei no mato."

Comércio informal domina ministérios

Deu no *Jornal do Brasil*. Abril de 2002.

Brasília – A banca de perfumes de Sandra Maria de Araújo tem um endereço tão nobre quanto inusitado – o subsolo do Anexo 2, prédio do Ministério da Justiça, em Brasília. Lá, várias barracas de ambulante enfileiram-se num insólito camelódromo oficial. Sandra negocia mais de 50 tipos de perfumes "importados".

Perfumes, tênis contrabandeados e roupas com grifes adulteradas, é possível encontrar de tudo nos camelódromos que funcionam nos prédios dos ministérios. Além do comércio irregular, sem nota fiscal, o governo cede espaços gratuitos. O do Ministério da Justiça, encarregado do combate ao contrabando e à pirataria, é um dos mais movimentados.

Perigo

No subsolo do edifício que abriga os Ministérios da Cultura e do Meio Ambiente várias barracas de camelôs disputam a freguesia. Roupas, bolsas e calcinhas são expostas ao lado da rede de alta tensão.

Muitos comerciantes entraram nos prédios públicos por intermédio de associações de servidores. Outros não escondem a indicação. "Um conterrâneo meu me cedeu uma parte deste espaço'', diz a costureira Teresinha Ribeiro de Souza. Com 62 anos, ocupa há três anos uma sala no subsolo do edifício dos Ministérios do Esporte e Turismo e do Desenvolvimento Agrário. "Se o governo me cobrasse, não teria como pagar."

Crie trabalho que eles fazem todo o serviço

Deu no *Jornal de Brasília*. Junho de 2003.

De bufê para velório a pet shop que ensina nadar, tem de tudo nesta cidade maravilha.

Já foi o tempo em que os moradores de Brasília tinham de ir a cidades maiores como Rio e São Paulo para buscar serviços especializados. A reportagem do Jornal de Brasília rodou as ruas da capital, em busca de profissionais, buracos escondidos ou lojas já conhecidas que oferecem serviços especializados e, às vezes, inusitados. Uns podem ser muito úteis, como o lava-jato móvel, que vai até o cliente para dar uma geral no carro. Tem também o exótico bufê para velórios, em uma funerária que faz até depilação para garantir uma bela imagem do defunto no caixão. Muitos são velhos conhecidos da cidade, como o Hospital dos Brinquedos e o restaurador de instrumentos de corda Daniel Pereira. Outros lançam moda, como o dono da pet shop que ensina cães a nadar.

PF paga multa por não usar empréstimo francês

Deu no *Valor Econômico*. Maio de 2004.

O governo brasileiro não está utilizando um empréstimo concedido pelo governo francês para o reaparelhamento e a modernização da Polícia Federal. Por causa disso, o Brasil está pagando multas (chamadas de comissão de compromisso). Até agora, elas já atingiram US$ 3,95 milhões.

O alerta consta do último relatório de avaliação do Plano Plurianual (PPA) 2000-2003. Até dezembro do ano passado, a Polícia Federal deveria ter sacado US$ 160 milhões, mas só foi autorizada pelo Ministério da Fazenda, por causa das limitações orçamentárias, a internalizar US$ 74,6 milhões.

O total do empréstimo é de US$ 425,29 milhões e seria utilizado para adquirir equipamentos, sistemas, materiais e peças de reposição necessárias à implantação do Projeto Pró-Amazônia e do Programa de Modernização do Segmento Técnico-Científico da Política Federal (Promotec).

Os principais motivos que interferiram no desempenho das ações do programa de modernização da Polícia Federal, principalmente no âmbito dos projetos Pró-Amazônia e Promotec, foram a variação cambial – considerando a cotação do dólar quando da elaboração da proposta orçamentária do exercício, encaminhada ao Congresso em agosto do ano anterior, e o real valor quando da liquidação dos bens ou serviços – e a escassez de recursos orçamentários, agravada pelos limites financeiros.

Os autores do relatório temem também pela não-implantação do controle automatizado de entrada e saída de estrangeiros no país pela impossibilidade de expansão do Sistema Automatizado de Identificação por Impressões Digitais (Sistema AFIS) e o não-desenvolvimento do sistema informatizado de controle.

Origami: erva com jeito de flor

Deu no *No.com.Br*. Agosto de 2001.

Um baseado de um metro e meio e um origami fumável, em forma de flor e recheado de maconha, foram os grandes destaques do 1° Cannabis Cup Brasil, realizado dia 19 de julho no campus da Universidade Católica de Brasília. O campeonato brasileiro da erva reuniu 300 freaks e doidões vários, de todos os cantos do país, em torno de duas categorias: solto (erva em estado bruto) ou prensado (maconha industrializada e prensada em tabletes para facilitar o transporte). Os dez jurados votaram também em quatro subcategorias: criatividade na elaboração dos cigarros, tamanho, qualidade

do fumo e tempo de carburação (queima), além de alguns prêmios especiais. O evento, realizado à sombra do 25° Enecom (Encontro Nacional dos Estudantes de Comunicação), reuniu 2.300 estudantes na universidade e rendeu um curta-metragem de 13 minutos, que mostra os participantes em grande animação, queimando tudo até a última ponta.

O maior baseado brasileiro mede sete palmos de comprimento e precisa de quatro mãos para ser fumado. Foi obra de uma delegação da Bahia (sempre a Bahia), a grande campeã do Cannabis Cup. Os baianos levaram também o troféu de maior 'camarão' (infrutescência da planta que dá origem ao 'barato'). As delegações de Pernambuco e Ceará também não fizeram feio, empalmando o segundo e o terceiro lugares. No quesito originalidade, estudantes de Brasília levaram um prêmio especial do júri. Apresentaram um skunk (híbrido de maconha, mais poderosa, geralmente cultivado em estufas) de cor laranja. Tradicionalmente – a explicação é de quem tem intimidade com o assunto – esse tipo de fumo tem tons verdes bem claros. Prêmio especial também abiscoitou o "Bicho de Sete Cabeças" (homenagem ao filme homônimo estrelado por Rodrigo Santoro), criado por estudantes pernambucanos. Trata-se de um pedaço de bambu, com sete saídas para tubos por onde se pode fumar. A melhor maconha do Brasil (pelo menos assim foi considerada) foi levada da Bahia, e o melhor "prensado paraguaio", do Mato Grosso do Sul. A mesma turma do origami psicodélico.

No Brasil, para driblar eventuais problemas com a lei, os organizadores do evento cobriram a Católica de Brasília com cartazes alusivos à "Rockonha" apenas no dia do Cannabis Cup. Semanas antes, pessoas escolhidas a dedo foram avisadas do evento através de e-mails.

Casos curiosos do Procon de Brasília

Deu no *Jornal de Brasília*. Março de 2004.

A insaciável

Além de resolver os problemas dos consumidores insatisfeitos e ter, muitas vezes, de agüentar o mau humor dos reclamantes, os funcionários do Procon acabam se divertindo com fatos inusitados que ocorrem no atendimento. O nível de exigência dos consumidores no DF é tão alto que, às vezes, o Procon recebe denúncias inesperadas. É o caso de uma senhora de mais de 40 anos, que contratou um garoto de programa por três dias. No primeiro dia, o rapaz abandonou o serviço, levando consigo o dinheiro. "Ela veio aqui reclamar e não queria o dinheiro de volta, queria a prestação de serviços combinada", conta o diretor de atendimento Oswaldo Morais. O Procon entrou em contato com o rapaz, perguntando pelo motivo do abandono. "Ele disse que a coroa era insaciável e que ele não agüentava o serviço", diz Oswaldo.

Cãozinho

Outro episódio atípico foi o caso de uma senhora que comprou um cachorrinho de estimação na rua. O vendedor lhe havia prometido que o animal era pequeno. "Como o cachorro cresceu, ela veio ao Procon para reclamar de propaganda enganosa. Nesse caso, nada pudemos fazer, pois só houve promessa verbal", explica Oswaldo Morais.

Vibrador da vizinha

Os atendentes do Procon já viram, mais de uma vez, mulheres e homossexuais trazerem vibradores elétricos que não funcionavam. "Eles não se contentam em reclamar do produto e os trazem até aqui, para a gente ver. Mas sempre alegam que não são donos do objeto e que ele pertence a uma vizinha envergonhada", conta o diretor.

Sem dentadura

Oswaldo Morais lembra, com risos, de um senhor que reclamou do serviço prestado pelo dentista, quando a dentadura caiu no Lago Paranoá, durante uma pescaria. "A dentadura é um bem durável e o prazo máximo para reclamações é de 90 dias", ressalva Morais. Quando excedido o prazo, o Procon não pode agir.

Marisa passa por imprevistos na Festa dos Estados

Deu na *Folha Online*. Julho de 2004.

Brasília – Uma visita da primeira-dama Marisa Letícia da Silva aos estandes da Festa dos Estados, em Brasília, foi interrompida por um incidente: a explosão de um transformador fez com que acabasse a energia elétrica.

Marisa havia visitado dois estantes (o da Bahia e o de Minas Gerais) e estava no terceiro (Rio Grande do Sul) quando dois balões colocados atrás do palco, empurrados pelo vento, atingiram fios de alta de tensão, que provocaram a explosão do transformador.

Antes, Marisa havia passado por outro imprevisto. Ela foi tentar hastear a bandeira do Brasil, mas não conseguiu fazê-lo sozinha, porque a corda em que a bandeira estava presa escapou da roldana.

Durante o desfile das delegações, ela quase foi atingida no rosto por um lenço vermelho, enrolado no formato de uma rosa, atirado pelo empresário Beto Carreiro, montado no cavalo Faísca. Ela desviou a cabeça para não ser atingida.

Casos curiosos paralisam Justiça

Deu no *Jornal de Brasília*. Maio de 2004.

Briga de vizinhos e conflitos semelhantes atrasam julgamentos mais importantes nos tribunais superiores.

Julgar canelada de genro em sogra, resolver como deverá ser punido o comerciante que baixou a vassoura no vizinho ou se envolver em briga de cachorro com papagaio não são exatamente funções clássicas de um ministro de tribunal superior, mas vários conflitos de pouca importância acabam parando no Supremo Tribunal Federal (STF) e no Superior Tribunal de Justiça (STJ) por motivos variados, contribuindo para a má fama da Justiça brasileira.

Há pouco mais de um mês, o próprio ministro Marco Aurélio teve de analisar um caso curioso. A cadela Pretinha foi levada pela carrocinha de uma cidade mineira como um cão sem dono. Depois de ficar dois dias no Centro de Controle de Zoonose de Belo Horizonte, a cadela foi sacrificada e, ao saber de seu triste fim, sua dona teria entrado em depressão. O advogado pediu R$ 50.000 de indenização, em benefício da autora, por danos morais. O Supremo analisou a matéria, mas como não a considerou de importância constitucional, mandou de volta à instância de origem. Ou seja, todos perderam tempo e dinheiro.

Clio aterrissa em jardim do Lago

Deu no *Jornal de Brasília*. Dezembro de 2003.

O cirurgião-dentista Paulo Roberto de Azevedo, 62 anos, foi surpreendido no último sábado por um Renault, modelo Clio, pousando nos fundos de sua casa, na QI 23, conjunto 19, do Lago Sul. A aterrissagem do objeto voador plenamente identificado ocorreu por conta de um pneu estourado, que fez com que o motorista do Clio – o estudante Hugo (que não teve o sobrenome divulgado), de 19 anos – praticamente decolasse com o carro.

Uma das testemunhas do inusitado acidente, a cabeleireira Lucinete Alves, 36 anos, conta que o jovem motorista dirigia em alta velocidade e perdeu o controle do veículo quando tentava evitar uma colisão com outro carro, no balão da Estrada Parque Dom Bosco, próximo ao Jardim Botânico.

Na tentativa de evitar a batida, o carro do estudante subiu o meio-fio da pista que segue para o conjunto 19 e alçou um vôo de cerca de um metro em relação ao solo.

O dentista, dono da casa, bem-humorado, disse que se assustou com o barulho e com a surpresa do carro estacionado no quintal de sua casa. "Estava me preparando para jogar futebol quando ouvi o barulho. Acho que São Nunca não cai do céu só na televisão – ele veio me trazer um carro de presente de Natal", brincou.

Uma "latada" no coração

Deu no *Jornal de Brasília*. Julho de 2003.

Talvez o projeto mais inusitado já apresentado para Brasília seja a colocação de uma lata gigante de Coca-Cola – com 300 metros – no Eixo Monumental. Isso mesmo: uma enorme lata bem no coração do Plano Piloto, no local onde está o Ginásio Nilson Nelson.

A proposta surgiu da própria empresa, que se dispôs a pintar, gratuitamente, o ginásio de esportes se, em contrapartida, a administração da cidade permitisse que a enorme lata fosse colocada em volta do ginásio enquanto o trabalho estivesse sendo realizado. A Torre de TV, com seus pouco mais de 200 metros de altura, ficaria apequenada se a proposta fosse aceita. "É um absurdo, um disparate, ainda bem que a proposta foi barrada", reage Carlos Magalhães, integrante do Conselho de Preservação de Brasília, órgão que impediu a realização do projeto. "Imagina se o Coliseu romano fosse tampado, ainda que temporariamente, por uma lata de Coca-Cola ou um símbolo do McDonald's", compara. O presidente do Instituto de Arquitetos do Brasil, seção Distrito Federal, Sérgio Brandão, concorda: "É uma aberração, ainda bem que o conselho vetou".

De furto de galinhas a vassouradas no STF

Deu no *Jornal de Brasília*. Maio de 2004.

No STF, o ministro Sepúlveda Pertence foi premiado com um caso inusitado. No interior do Rio Grande do Sul, um rapaz havia sido condenado a dois anos de prisão, em primeira instância, por furtar cinco galinhas. A "prova", declarou o autor da ação, estaria nas cores das penas das aves confiscadas na casa do suposto ladrão. Na instância superior, o réu foi absolvido por falta de provas.

Também no Supremo, o ministro Joaquim Barbosa foi relator do "caso da canelada". O genro chutou a perna da sogra e a senhora apresentou uma denúncia contra ele. Como continuaram a morar na mesma casa, o advogado do agressor tentou impetrar uma medida jurídica, "alegando ter havido retratação tácita", para por fim ao caso. O relator votou negativamente ao habeas corpus, pois entendeu que a lesão corporal existiu e que a vítima queria ver seu direito ressarcido. O réu foi condenado à pena pecuniária.

Serviços – Ainda no STF, os ministros aplicaram uma pena de prestação de serviços a um comerciante que agrediu com uma vassourada uma senhora, também comerciante, que trabalha próximo a ele. O ministro Celso de Mello foi o relator do processo.

No STJ foi parar o caso dos 25 cachorros criados dentro do apartamento da ambientalista Fernanda Colagrossi, no luxuoso Condomínio Praia Guinle, em São Conrado (RJ), o mesmo da cantora Simone.

Não suportando o mau cheiro e os latidos, a cantora entrou com uma ação para "remover os animais", alegando que a ambientalista estaria contrariando as regras do condomínio, de urbanidade e de boa vizinhança. Inconformada com o julgamento em primeira e segunda instâncias, Fernanda apelou ao STJ. A ministra relatora do processo, Nancy Andrighi, manteve a decisão do Judiciário do Rio de Janeiro, que lhe permitiu a guarda de, no máximo, três cachorros.

Minhocas – Em 1999, quatro rapazes foram denunciados pelo Ministério Público de Minas Gerais por capturarem quatro minhocuçus (minhocas utilizadas em pesca). O juiz da cidade entendeu que se tratava de crime contra a fauna e que, por isso, era de competência da Justiça Federal.

Os ministros do STJ seguiram a opinião do relator, o ministro Fernando Gonçalves, e decidiram que "apanhar quatro minhocuçus não tem relevância jurídica". A pena, se fosse aplicada, segundo o ministro-relator, seria mais cara ao Estado do que o dano provocado pelo ato.

O furto de um boné, avaliado em R$ 10, também foi parar no STJ. O juiz de Nova Andradina (MS) condenou à pena de dois anos de reclusão o menor que tentou furtar o boné, prontamente recuperado pelo pai da vítima – policial militar. O ministro Nilson Naves aplicou o princípio da insignificância e suspendeu o mandado de prisão.

Reduzida pena de mãe que arrancou nariz de educadora

Deu em *O Debate*. Julho de 2004.

Em decisão unânime, a Sexta Turma do Superior Tribunal de Justiça concedeu habeas corpus à dona de casa de Brasília C.N. da S., condenada pelo Tribunal de Justiça do Distrito Federal a quatro anos e seis meses de reclusão por lesão corporal grave causada à assistente educacional E.J.R.S. A condenação da ré foi mantida, sendo concedido o habeas corpus apenas para o efeito de anular a sentença condenatória, a fim de que seja diminuída a pena-base aplicada.

Segundo o processo, em 24 de agosto do ano passado, por volta das 8h30 da manhã, na Creche Recanto Feliz, na cidade de Recanto das Emas, no Distrito Federal, C.N. da S. foi repreendida pela assistente educacional E.J., por haver levado a filha menor com o corpo sujo e as roupas urinadas. Descontrolada, a ré foi se queixar da assistente na secretaria da creche e, quando retornou, ao encontrar a vítima dando banho na criança, agrediu a funcionária com tapas, puxões de cabelo e uma violenta mordida em seu nariz, chegando a arrancar um grande pedaço da moça, de 26 anos, que, em conseqüência, ficou com deformidade permanente e com irreversível dano estético em face da impossibilidade de reimplantar a parte extirpada.

Projetos esdrúxulos na lista de votação

Deu no *Jornal de Brasília*. Junho de 2003.

Entre temas importantes para o País, Congresso é obrigado a analisar propostas sem nenhum cabimento.

A demora na votação de temas em tramitação no Congresso pode ser até um alívio para os brasileiros, se avaliado o conteúdo de algumas propostas.

Nos últimos quatro anos, foram apresentados 11.924 projetos de lei e decretos legislativos só na Câmara. Entre eles, inúmeras sugestões propõem práticas no mínimo esdrúxulas, como a instituição de Jesus Cristo como o "Senhor do Brasil" e mudanças no histórico texto do Hino Nacional. Se a proposta do ex-deputado Aldir Cabral for aprovada, o Hino Nacional sofrerá uma grande alteração. Evangélico, ele sugeriu a substituição de duas expressões, já gravadas no subconsciente de boa parte dos brasileiros. Por ele, no lugar de "Idolatrada e adorada" deve ser colocado "Abençoada e sagrada"; e em vez de "Deitado eternamente em berço esplêndido" seria utilizado "Marchando em solo absoluto". Mas as excentricidades não acabam aí.

Muitos parlamentares se interessam especialmente por datas comemorativas e santos padroeiros. Um dos casos que se destacam é o projeto do deputado Roberto Pessoa (PFL-CE), que pretende transformar o Padre Cícero, que nem foi canonizado pela Igreja, em santo protetor do Banco do Ceará. Para o deputado Wladimir Costa (PMDB-PA), os parlamentares merecem ter um padroeiro. Ele sugere o nome de São Severino, que se destacou, segundo a Igreja, defendendo os cristãos dos bárbaros e romanos. Já para o evangélico Marcos de Jesus (PTB-PE), os prédios públicos não devem expor imagens religiosas. Por ele, Jesus Cristo deve receber o título de "o Senhor do Brasil". Um projeto de lei deve ser apreciado por várias comissões antes de ser enviado para votação no plenário da Câmara. Os exemplos citados estão em fase de análise nas mais diversas comissões. Um ou outro foi arquivado e, em seguida, desarquivado. Pelo regimento interno da Casa, um projeto de lei deve ser enviado também para análise e votação no Senado.

Polícia não tem pistas de estelionatários que aplicam "golpe do troco"

Deu no *Diário da Manhã*. Agosto de 2004.

A Polícia Civil de Bela Vista de Goiás ainda não tem pistas do casal de estelionatários que tentou aplicar o golpe do troco em dois estabelecimentos comerciais na cidade, que fica a 45 km de Goiânia.

Os dois chegaram em uma loja de ferramentas e insumos agrícolas para comprar uma chave de fenda. Na hora de pagar, afirmaram que já haviam entregado uma nota de R$ 50 e pediram o troco.

Confundida pelos dois golpistas, a funcionária voltou o troco. Os dois saíram rapidamente da loja, se dirigindo a outro estabelecimento comercial para fazer nova vítima. Ao perceber que não havia recebido, a caixa da loja foi atrás do casal.

Dentro de outra loja, a funcionária pegou o dinheiro de volta. Os dois fugiram levando a chave de fenda.

Testemunhas afirmam que o casal trocou de roupa em um mercado próximo às lojas e fugiu.

Revólver era uma escova de dente

Deu no *Jornal de Brasília*. Agosto de 2004.

Um assalto inusitado ocorreu por volta das 6h15 de ontem, em Taguatinga Norte. Dois homens armados com uma escova de dente assaltaram o auxiliar de serviços gerais Juvenal Souza Pacheco, 47 anos, mas foram presos em flagrante. Gilson de Souza Lima, 26 anos, e seu irmão, de 16 anos, foram detidos por policiais militares quando tentavam fugir levando o celular, o relógio, R$ 10 em dinheiro e a carteira com documentos da vítima.

Mulher levava 1,5 kg de cocaína em nádega postiça

Deu no *Terra*. Maio de 2002.

A Polícia Rodoviária Federal apreendeu 1,5 kg de cocaína ontem, por volta das 21h, na BR-463, no posto Capei, em Mato Grosso do Sul. A droga estava sendo levada por Maria Ramona Vinhals Aquino, 44 anos, em uma nádega postiça. Ela estava em um ônibus que faz o trajeto Bela Vista/São Paulo. A traficante disse que ganharia R$ 1 mil para levar a droga até Sorocaba, no interior de São Paulo.

Empresa de turismo indeniza cliente por pescaria frustrada

Deu em *O Debate*. Dezembro de 2003.

A 6ª Câmara Cível do Tribunal de Alçada de Minas Gerais condenou a empresa Saliba Turismo Ltda., de Belo Horizonte, a indenizar Milton Braga da Silva, por danos morais, pelos transtornos causados diante da má prestação de serviços em pacote turístico de pescaria na região do Xingu, no Mato Grosso.

A empresa oferecia no pacote pescaria em barcos de 5 metros, com cadeira giratória, salva-vidas, motores de popa de 15 HP, caixa térmica para bebidas, barco de apoio no rio para dar assessoria de pesca e os mais experientes piloteiros da região.

Contudo, ao dirigir-se para a pescaria, no dia 31 de maio, Milton teve frustrada sua pescaria, por diversos motivos: não havia motor para locomoção do barco,

não havia cadeira giratória, e o "experiente" piloteiro era um jovem de 18 anos, que, segundo o turista, não tinha experiência e conhecimento da região. Foi improvisado um motor com mais de 10 anos de uso e, dessa forma, o barco enguiçou no meio do rio Sete de Setembro.

Para o desespero do turista, não havia o prometido barco de apoio no rio, tendo que ficar preso ao barco até de madrugada, sem que tivesse pescado, só conseguindo chegar ao hotel com ajuda de alguns índios.

Pessoas respondem inquérito em liberdade por falta de cadeia

Deu em *O Popular*. Agosto de 2004.

A superlotação da Cadeia Pública de Novo Gama, no entorno de Brasília, está gerando uma situação inusitada. Pessoas que cometeram crimes respondem ao inquérito em liberdade pois o lugar não tem mais espaço. O Ministério Público quer que a Justiça reduza o número de presos na cidade.

A juíza de Novo Gama informou que a redução dos presos de 81 para 16 é inviável. Para que os presos fossem transferidos para outras cadeias seria preciso autorização dos juízes dos outros municípios.

Gisele Bündchen ensina índias a desfilar

Deu em *O Popular*. Agosto de 2004.

Gisele Bündchen teve uma verdadeira surpresa quando chegou com o namorado Leonardo DiCaprio na aldeia da reserva indígena do Parque Nacional do Xingu. A top encontrou uma tribo de fãs que a conheciam pela tevê, mantida na aldeia com uma parabólica.

As índias pediram a Gisele que ensinasse a elas a desfilar e, em troca, a modelo quis aprender a fazer beiju, uma espécie de panqueca feita de tapioca. Gisele e Leonardo passaram um dia inteiro na tribo para a alegria dos índios.

Estudante de Letras casa-se com cacique Camaiurá e surpreende antropólogos ao passar a fazer a ponte entre duas culturas

Deu no JB *Online*. Agosto de 2004.

Parque Nacional do Xingu, MT – Uma bela mineira de olhos azuis, cabelos louros e pele clara desfila com charme e desenvoltura entre os índios da aldeia Camaiurá, localizada na parte sul do Parque Nacional do Xingu (MT). Ela é Andréia Duarte, a quarta esposa do cacique Kotoki, o principal líder da tribo. Os dois viveram uma paixão fulminante assim que se conheceram, em 2000, em Belo Horizonte, e de lá para cá não se separaram mais.

Hoje, além de uma mulher que revela no olhar sua espantosa opção, ela é uma líder na comunidade. Aprendeu a língua da etnia, do tronco Tupi Guarani, e adaptou-se aos hábitos alimentares – peixe assado e beiju – e à dureza do cotidiano, que inclui morar em oca com chão de terra batida e ter uma rede como cama. Acabou ganhando o reconhecimento da aldeia.

Adaptada, Andréia começa a influir em uma série de atividades da aldeia, onde vivem hoje 355 pessoas, na região conhecida como Alto Xingu.

Ela ajudou a organizar a Associação Mavutsinin, que leva o nome do deus supremo segundo a tradição dos índios, e a criar o Projeto Escola, que conta hoje com quatro professores e 83 alunos. Além disso, Andréia tem planos de gravar um CD com os sons indígenas e auxiliar na implantação das roças que estão sendo financiadas pela Petrobrás, dentro do programa Fome Zero.

Maconha era cultivada no telhado da casa

Deu no *Jornal de Brasília*. Julho de 2004.

Comandando uma operação de busca e apreensão na manhã de ontem, o delegado-chefe da 4ª DP do Guará, João Carlos Couto Filho, surpreendeu-se com um fato inusitado. Os policiais prenderam em flagrante um homem que cultivava uma plantação de maconha no telhado de sua casa.

O músico Pablo Ravi Maroclo, 26 anos, foi preso enquanto dormia, em sua residência, na QI 22, Guará I. A polícia descobriu o local de cultivo da erva graças a uma denúncia anônima, registrada na noite de quarta-feira pelo disque-denúncia da Secretaria de Segurança Pública. "Provavelmente, um dos moradores do prédio via quando ele subia ao telhado para colher a droga", disse o delegado.

Porém, o que mais chamou a atenção da polícia foi o sistema independente de irrigação, construído de forma artesanal pelo músico. O delegado conta que as plantas quase não precisavam de cuidados devido à posição dos vasos. "Os pés de maconha ficavam debaixo de canos ligados às calhas por onde corria a água da chuva, sendo periodicamente regados", relata.

Garimpeiro tenta provar que não morreu

Deu em *O Estado de S.Paulo*. Agosto de 2001.

Brasília – Nem à meia-noite os coveiros do Cemitério Campo da Esperança, na Asa Sul, em Brasília, viram cena parecida. Em pleno sol da manhã de ontem, o garimpeiro José Eudes Monteiro, de 39 anos, abraçou a cruz de sua própria cova. A certidão de óbito, registrada no Cartório de 2.° Ofício da cidade, não deixa dúvidas: José Eudes Monteiro, paraibano e pardo, morreu em decorrência do vírus da aids, em 25 de novembro de 1998, às 5h30, no Hospital de Base.

Morador de Breu Branco, cidade paraense a 320 km de Belém, o garimpeiro viajou três dias de ônibus para provar às autoridades policiais da capital que está vivo e nunca esteve antes em Brasília. Monteiro diz ter sido assaltado há três anos, em Belém. Ao tentar tirar a segunda via da certidão de nascimento descobriu que, legalmente, havia morrido. "Eu me senti agoniado, desesperado e não conseguia expressar nada", afirma. "Foi horrível saber que era um rapaz morto."

Com carteira de trabalho e título de eleitor, ele espera provar que não é um fantasma. Está dormindo na delegacia e não tem dinheiro para almoçar. "Eu quero justificar que sou a minha pessoa."

Mulher encontra 7 kg de cocaína dentro de peixes

Deu no *Agora São Paulo*. Setembro de 2001.

Maria Helena Morrone, 45, encontrou 7 kg de cocaína dentro de dois pintados que seu marido, o médico legista Zeno Morrone Júnior, havia pescado em Corumbá (MS). A droga foi encontrada na última sexta-feira, quando ela preparava o almoço.

Ao abri-los, Maria Helena viu os pacotes com a droga. O médico avisou a polícia imediatamente.

Em agosto, o legista trouxe os peixes da cidade de Corumbá (MS) após participar de uma pescaria com mais 11 amigos. Ao desembarcar no aeroporto de Congonhas, Morrone diz que pegou a mochila térmica errada.

Ele decidiu guardar os peixes no congelador. Mesmo com a droga dentro dos pintados, o casal acabou comendo os peixes.

Médico viaja 950 km de bicicleta para chegar a conferência

Deu no *Último Segundo*. Dezembro de 2003.

Pedalar doze dias debaixo de muito sol e chuva com o objetivo de chamar a atenção para o maior evento de saúde do país. Essa é a história do médico Sérgio da Silva, de 46 anos, que participa da 12ª Conferência Nacional de Saúde (CNS) como delegado do município de Rondonópolis, no Mato Grosso.

Com 20 anos de medicina, Sérgio era médico do Programa Saúde da Família (PSF) de seu estado, mas foi demitido (segundo ele por motivos políticos) logo após ser eleito delegado para a 12ª CNS. Foram doze dias pedalando sem parar – o médico saiu de Rondonópolis no dia 24 de novembro e chegou a Brasília no dia cinco de dezembro – 950 km completados com a ajuda da mulher e de um irmão. "O curioso é que eu não me preparei em nenhuma hora, eu não pedalei nenhum minuto, peguei uma bicicleta comum do meu filho e vim com ela fazendo as revisões na estrada. A partir do terceiro dia tive o apoio da minha esposa e do meu irmão; meio-dia eu parava para descansar, comer alguma fruta e à noite eu dormia nas cidades" conta Sérgio, que em alguns dias chegou a pedalar até 130 km.

Números de biscoito da sorte enriquecem oito apostadores da Mega Sena

Deu no *Último Segundo*. Fevereiro de 2004.

Brasília – Uma fábrica de biscoitos da sorte ajudou oito brasileiros a ganharem, juntos, o prêmio da Mega Sena. Cada um recebeu R$ 350 mil do prêmio total de R$ 5,2 milhões. Os vencedores do sorteio 529, realizado no último dia 14 de janeiro, marcaram nos volantes premiados os números 01-13-33-38-45-56 impressos no papel que acompanha o biscoito vendido em restaurantes chineses.

A responsável pela dica foi a rede Chinatown, que além de possuir lojas próprias e franquias, conta ainda com 20 estabelecimentos no nordeste do país, região onde vivem os oito ganhadores. Para a Caixa, o fenômeno é inusitado, já que a probabilidade de acerto na Mega Sena é de uma para cada 50 milhões de apostas em seqüências diferentes. No caso do sorteio 529 foram feitas apenas 3,2 milhões de apostas. De acordo com o dono da rede, Fong Yu, a máquina que produz as tiras de papel gera desde 1996 as mesmas 171 combinações de números. "Com isso, é possível afirmar que cerca de 169.500 pessoas já receberam os biscoitos com a seqüência vencedora do concurso 529", informou a Assessoria de Imprensa da Caixa.

Homens morrem soterrados por 400 toneladas de milho em MT

Deu na *Folha Online*. Julho de 2004.

Campo Grande – Dois funcionários da ADM do Brasil, empresa norte-americana exportadora de grãos, morreram soterrados por 400 toneladas de milho, volume estimado pelo Corpo de Bombeiros, em Lucas do Rio Verde (360 km de Cuiabá).

O acidente ocorreu às 17h40 (horário de Brasília) de quarta-feira, mas os corpos de Francisco de Souza Rodrigues, 42, e Francinildo da Silva Santos, 18, foram retirados debaixo do milho apenas às 10 horas desta quinta.

De acordo com o Corpo de Bombeiros, os dois limpavam o fosso do elevador de um silo (depósito para o armazenamento de grãos) a uma profundidade de 20 m. A "parede" de um outro silo, situado ao lado, rompeu-se, e o milho caiu sobre os dois.

Sudeste

Compra de lugar na fila do INSS tem até televenda em SP

Deu no *Agora São Paulo*. Setembro de 2004.

Não importa se você chegar à meia-noite para ser o primeiro da fila do INSS de Osasco, na Grande São Paulo. Há, pelo menos, 20 lugares na frente, que serão vendidos por até R$ 35. Quem não paga é obrigado a ficar atrás.

O Agora visitou duas vezes a agência, após a prisão de oito pessoas que vendiam lugares em um posto do INSS próximo, o de Barueri. Depois de uma negociação por telefone, a reportagem comprou um lugar por R$ 15 na segunda visita.

Na primeira ida ao posto de Osasco, no dia 3 deste mês, a reportagem do Agora entrou na fila às 7h. Sem nenhuma preocupação com a presença de funcionários do INSS, o "vendedor" já abordou o repórter, que não estava identificado como jornalista. "Tenho gente minha aqui. Você quer lugar na frente ou no meio da fila?", diz.

Outro lado

O INSS (Instituto Nacional do Seguro Social) informou que todas as ocorrências no posto de Osasco são informadas à polícia, e que não existe nenhuma prova de que funcionários estejam envolvidos na venda de lugares. Além disso, toda negociação é feita antes da abertura da agência.

Uma carta aberta ao público, dentro do posto, orienta os segurados sobre a prática ilegal e pede que eles façam denúncias.

Polícia fecha falsa delegacia no centro de São Paulo

Deu na *Folha Online*. Fevereiro de 2003.

A Polícia Civil de São Paulo fechou na tarde desta quinta, após 15 dias de investigações, uma falsa delegacia que funcionava na avenida Rio Branco, 349, centro da cidade, cerca de 300 metros da Delegacia Seccional Centro.

De acordo com o delegado da seccional, Mário Jordão Toledo Leme, trabalhavam na falsa delegacia escrivões, delegados e investigadores. Várias pessoas foram presas, inclusive João Marceleno dos Santos, foragido da Justiça – que já havia sido condenado por estelionato – e acusado de ser um dos "cabeças" da "delegacia".

"Os falsos policiais cobravam certa quantia para registrar os boletins de ocorrência dizendo que poderiam até agilizar o caso. Mas o que me espanta mais é que além de terem cópias do boletim de ocorrência da polícia, é que eles tinham até delegado de plantão", afirmou Leme em entrevista ao jornal "Cidade Alerta", da Rede Record.

A falsa delegacia tinha em sua fachada a placa "Delegacia do Cidadão" e possuía divisões como a Delegacia-Geral e a Delegacia de Operações Especiais, onde os falsos policiais usavam distintivos parecidos como os usados por agentes da Interpol (polícia internacional).

Leme afirmou ainda que a falsa delegacia chegava até a intimar pessoas envolvidas em problemas registrados em boletins de ocorrência para depor.

O delegado afirmou que a delegacia prestava ainda assessoria jurídica à população por meio de advogados que, segundo ele, possuem registro na OAB (Ordem dos Advogados do Brasil).

Papai Noel leva maconha a estudantes do Rio

Deu no *Último Segundo*. Dezembro de 2004.

Rio de Janeiro – Papai Noel trouxe um presente inusitado para alguns estudantes de escolas do Rio de Janeiro nesse fim de ano – um saco com maconha.

A polícia da capital fluminense disse que dois adolescentes foram pegos vendendo presentes de natal na entrada de uma escola municipal perto de uma favela.

Os presentes, que podiam ser abertos como ovos de páscoa, continham um saquinho de doces e um outro com maconha.

Os suspeitos abandonaram os brinquedos e correram para dentro da favela quando a polícia tentou prendê-los.

Deficientes físicos escapam de prisão em Niterói

Deu no *Terra*. Dezembro de 2003.

Dois deficientes físicos estavam entre os 26 presos que fugiram pulando o muro de uma delegacia superlotada em Niterói, informaram autoridades na terça-feira. Os dois não tinham uma das pernas.

De acordo com uma porta-voz da Secretaria de Segurança Pública do Rio de Janeiro, a polícia só conseguiu recapturar 10 dos 26 fugitivos, incluindo um dos deficientes, no centro da cidade.

Na fuga de segunda-feira, os presos serraram as grades de metal das janelas de duas celas na carceragem da 76ª Delegacia Policial e, com uma corda, chegaram ao chão. Depois, pularam o muro dos fundos. Eles ainda trocaram tiros com um policial antes de fugir.

A polícia investiga se os fugitivos tiveram alguma ajuda dos guardas. Essa foi a oitava fuga ocorrida na 76ª DP apenas este ano. A carceragem, construída para 150 prisioneiros, abriga cerca de 260 e deve ser fechada em janeiro.

Estudante leva 40 anos para terminar universidade

Deu na *Folha Online*. Fevereiro de 2004.

Quarenta anos. Esse foi o tempo que o mineiro José Antônio Prates, 60, levou entre começar e terminar o curso de arquitetura na Universidade de Brasília (UnB). O final dessa trajetória aconteceu na quinta-feira (5), quando realizou-se a colação de grau. O regime militar foi o principal causador desse "atraso".

Ele passou no vestibular em 1963 e começou a acompanhar as assembléias da Federação dos Estudantes da Universidade de Brasília (FEUB) "como curioso".

Um ano depois de entrar na universidade, aconteceu o golpe militar de 1964.

Com o passar do tempo, o movimento estudantil foi ficando cada vez mais engajado – à medida que a repressão militar aumentava.

Prates foi preso em 68 e 69 – desta última não guarda boas lembranças. "Essa vez não foi nada light. Fui torturado e fiquei quase um ano detido no Setor Militar Urbano (em Brasília)."

Quando saiu, descobriu que fora desligado da UnB e ficou clandestino em Brasília, São Paulo, Rio de Janeiro e, novamente, em São Paulo.

O processo que o trouxe de volta à universidade começou em junho de 2002, com um pedido à Comissão de Anistia do Ministério da Justiça. Deferido, foi a vez de entrar com o pedido na UnB. "A FAU (Faculdade de Arquitetura e Urbanismo) cuidou de tudo e fui reintegrado no início do segundo semestre de 2003."

Juiz expulsa mascote do Cruzeiro

Deu no *Lance*. 2003.

Juiz expulsa mascote do Cruzeiro. Na goleada do Cruzeiro sobre o Goiás, um lance inusitado chamou a atenção da torcida: o árbitro Rodrigo Martins Cintra expulsou o mascote cruzeirense. O homem fantasiado de Raposa estava atrás do gol do Goiás no primeiro tempo e foi levado para fora do campo pelo árbitro reserva.

Rodrigo Cintra justificou a expulsão do mascote, alegando que ele teria feito gestos com as mãos, insinuando que o juiz estaria roubando para o time visitante, após marcação de falta favorável ao Goiás.

Flamengo apela para a ajuda divina

Deu no *Último Segundo*. Novembro de 2004.

Na falta de dinheiro para a contratação de atacantes para o Flamengo, Márcio Braga apelou para o reforço divino.

O padre Juarez Sampaio esteve, nesta quinta-feira, no treino, para dar a sua bênção aos jogadores. Mas não ficou só nisso: ainda para levantar o astral da equipe, falaram o psicólogo Paulo Reis e o próprio Márcio Braga.

Mas, aparentemente, nem a bênção do padre, nem o papo com o psicólogo e o presidente do clube, fizeram algum feito.

O treino coletivo foi ruim e a equipe não conseguiu sair do 0 a 0, um resultado que, domingo, contra o Botafogo, será desastroso para o time.

A crise do Palmeiras na intimidade

Deu no *Jornal da Tarde*. Novembro de 2002.

A venda de preservativos com o escudo do Palmeiras deve cair 50%. Motivo: falta de entusiasmo.

A previsão é de José de Araújo, diretor comercial da INAL, da cidade de São Roque, que fabrica o produto. De janeiro a outubro foram vendidas 746 mil embalagens com três unidades, a três reais. Os números pós-rebaixamento estarão fechados no fim do mês.

Previsões confirmadas, o Palmeiras passará a vender tanto quanto o Guarani de Campinas, cuja camisa também é verde. Perderá, portanto, o segundo lugar. O campeão das preferências é o Corinthians, que vende 25% a mais. O São Paulo fica em terceiro. Depois vêm o Santos e a Portuguesa.

Presidente do Cruzeiro promete andar nu se perder na Justiça

Deu no *Lance Press*. Julho de 2003.

Minas Gerais – Durante participação ao vivo em um programa de TV de Belo Horizonte, no início da tarde desta quinta-feira, o vice-presidente do Cruzeiro, Zezé Perrella, fez uma promessa inusitada ao comentar um imbróglio jurídico do clube.

"Se o Cruzeiro perder a sua nova sede, eu vou andar pelado na Praça Sete (região central de Belo Horizonte). De roupa, já não sou muito bonito. Imagina pelado, então?", declarou Perrella.

A discussão girou em torno de um processo movido pela Receita Estadual de Minas Gerais contra o Cruzeiro, acusado de ser co-responsável de uma dívida no valor de R$ 6 milhões.

Parceiro de casas de bingo de Belo Horizonte e região metropolitana no período de 96 a 98, o Cruzeiro foi co-responsabilizado pelo não pagamento de taxas e impostos estaduais.

O clube venceu o processo nas duas primeiras instâncias, mas a Fazenda Estadual promete recorrer e o caso vai parar no Supremo Tribunal Federal, em Brasília.

Convicto sobre o assunto, Perrella voltou a encarar o imbróglio com bom humor: "A torcida pode cobrar de mim: se o Cruzeiro perder o prédio, vou andar nu pelo centro de Belo Horizonte com as faixas de campeão. Mas só algumas, pois se fosse usar tudo, ninguém me veria pelado", gabou-se o dirigente.

PM prende três falsos garis que pediam caixinha de Natal

Deu na *Folha Online*. Dezembro de 2004.

Policiais militares prenderam, na madrugada desta quinta-feira, três homens vestidos de gari que pediam caixinha de Natal para moradores e comerciantes da via Anchieta, no bairro de Heliópolis, zona sul de São Paulo.

De acordo com policiais do 95° DP, para onde o caso foi encaminhado, os PMs desconfiaram do trio, que estava vestido com uniformes da prefeitura, mas não tinha crachá de identificação.

Segundo os policiais, os três homens confessaram aos PMs que não eram garis e que haviam comprado os uniformes para pedir caixinha na região. Com o trio, além dos uniformes, os policiais também apreenderam R$ 123. Na delegacia, os falsos garis assinaram um termo circunstanciado e foram liberados.

Simulação vira acidente real em aeroporto de Ribeirão Preto

Deu na *Folha Online*. Novembro de 2004.

O que era para ser uma simulação de acidente terminou com três pessoas feridas na manhã desta sexta-feira no aeroporto de Ribeirão Preto (314 km de SP). Durante o treinamento, um caminhão capotou.

Por volta das 9h, diversas equipes de salvamento do aeroporto, do Corpo de Bombeiros, do Samu (Serviço de Atendimento Médico de Urgência) e da Defesa Civil, iniciaram a simulação de um incêndio em uma aeronave.

Segundo a prefeitura do município, um caminhão com quatro bombeiros que integram a brigada de incêndio do aeroporto capotou em uma curva, ao deixar o hangar.

O veículo seguia para a aeronave e deveria ajudar no resgate das falsas vítimas – estudantes de medicina – que estavam no avião.

Feridos

Intgrantes do Corpo de Bombeiros do município ajudaram a resgatar os feridos. Dois ficaram presos nas ferragens e sofreram ferimentos graves, como fratura exposta. Eles foram encaminhados para hospitais da região.

Uma terceira pessoa, que sofreu escoriações, conseguiu sair sozinha do caminhão. Uma quarta pessoa nada sofreu.

Segundo a prefeitura, a simulação é feita anualmente no aeroporto, para treinar as equipes do próprio local e de departamentos públicos.

Em protesto, vereador coloca faixas de propaganda eleitoral de ponta-cabeça em SP

Deu na *Folha Online*. Agosto de 2004.

O vereador e candidato à reeleição Carlos Apolinário (PDT) mandou colocar nas pontes da marginal Pinheiros faixas de sua propaganda eleitoral, de mais de 70 metros, com os dizeres de cabeça para baixo. Segundo ele, trata-se de um protesto.

"Foi uma forma que encontrei para protestar contra parte da imprensa, que acusa os candidatos a vereador em São Paulo de sujar a cidade com propaganda eleitoral", disse.

Segundo Apolinário, as faixas invertidas chamaram a atenção de muitos amigos, familiares e eleitores.

"Essa não era a intenção, mas chamou a atenção. Eu não acho que foi desperdício de dinheiro. Recebemos muitas ligações. As pessoas pensaram que houve um erro na colocação das faixas. Mas eu não pretendo apostar nessa estratégia."

O candidato a vereador, que já foi três vezes deputado estadual e concorreu ao governo do Estado em 2002, termina dizendo que "quem fala em sujeira é contra a democracia" e que vai manter as faixas de ponta-cabeça por tempo indeterminado.

Ladrão é preso após "pescar" dinheiro do McDonald's em SP

Deu na *Folha Online*. Setembro de 2004.

Um homem foi preso hoje, em São Paulo, depois de "fisgar" com um anzol malotes de dinheiro do cofre de uma loja da rede de lanchonetes McDonald's.

Segundo a polícia, o eletricista Jonas Adriano Gallo, 28, usou uma chave de fenda para abrir um buraco na parede colada ao cofre e improvisou uma "vara de pesca" com um arame, alicate e anzol.

O alarme da loja disparou, sem o homem perceber, e a polícia o prendeu com R$ 2.800 em dinheiro e R$ 573 em tíquetes. A loja fica na rua Taquarichim, 266, no Sacomã (zona sul). Gallo está detido no 26° DP.

Óleo de fritura do McDonald's vira combustível

Deu em *O Debate*. Janeiro de 2003.

O combustível está sendo obtido a partir do óleo usado nas frituras da rede de lanchonetes.

Caminhões da Companhia Municipal de Limpeza Urbana (Comlurb) vão utilizar experimentalmente, um combustível produzido a partir do óleo vegetal utilizado nas cozinhas dos restaurantes McDonald's. O produto, que reduz em 90% as emissões de gases do efeito estufa e em 98% a de enxofre, prejudicial à saúde, será testado em fevereiro e pela primeira vez nas ruas do Rio de Janeiro.

Segundo Luciano Basto, coordenador do projeto da Coordenadoria de Programas de Pós-Graduação em Engenharia (Coppe) da Universidade Federal do Rio de Janeiro, além de emitir menos gases agressivos ao meio ambiente, o biodiesel tem a metade das partículas emitidas pela queima de combustíveis fósseis.

Para ser aprovado comercialmente, é necessário que o combustível seja testado com sucesso em 50 veículos, que precisam rodar 160 mil km. Esse óleo combustível também pode ser extraído da mamona, de milho, soja, dendê, algodão, girassol, entre outros.

Traficantes roubam 200 kg de carne, cerveja e carvão no Rio

Deu em *O Estado de Minas*. Agosto de 2004.

O Dia dos Pais dos traficantes do complexo de favelas do São Carlos, no Estácio, promete ser animado. Armado de fuzis AR-15 e pistolas, um grupo de seis homens roubou mais de 200 kg de carne, invadiu uma mercearia, de onde levou duas caixas de cerveja, uma de refrigerante e carvão, e ainda assaltou o motorista de um Gol vermelho que passava no local e usou o veículo para transportar a mercadoria.

A seqüência de crimes ocorreu às 8h de ontem e ninguém ficou ferido.

Enquanto uns roubavam a carne, outros fecharam a Rua Sampaio Ferraz e pararam o motorista, cujo nome não foi revelado pela polícia. Outros integrantes do bando invadiram a Mercearia Novo Estácio. "Eles levaram somente a bebida que estava na geladeira, carvão e uns R$ 15 do caixa", contou o funcionário Marcelo Oliveira.

Entre a carne roubada, os criminosos levaram 140 kg de filé mignon, contra-filé, frango, carré de porco e lingüiça. Os assaltantes não deixaram para trás nem carnes consideradas menos nobres: de chã, pá e acém, roubaram 90 kg. "Eles estavam preparando a festa do Dia dos Pais", disse o comerciante.

Mesmo com estoque reduzido, o açougue funcionou ontem. A Polícia Militar fez buscas nas ruas próximas ao local do assalto e no Morro do São Carlos, mas não encontrou as mercadorias roubadas.

Para o churrasco, jacaré e sucuri. A polícia estragou a festa

Deu em *O Estado de S.Paulo*. Fevereiro de 2004.

Araraquara, SP – Uma denúncia anônima levou a Polícia Militar de Araraquara, na região de Ribeirão Preto, a localizar Evandro Eduardo Roque, de 27 anos, num bar do Jardim Iguatemi, na noite de ontem. Roque pretendia fazer um "churrasquinho" para os amigos. No cardápio, além da cervejinha típica para a ocasião, uma boa quantidade de carne. Só que não convencional, mas exóticas: de jacaré e sucuri. Resultado: foi autuado por crime ambiental.

O filhote de jacaré e a sucuri já estavam devidamente abatidos, prontos para temperar e colocar no espeto. Foram achados também os couros, vísceras e carcaças da cobra e do jacaré. Os dois espécimes teriam, segundo Roque, caído numa rede, no final de semana, num pesqueiro da vizinha e pacata Gavião Peixoto.

As carnes podem ser apetitosas ou não, dependendo do paladar de cada pessoa, mas Roque levou uma multa salgada: R$ 612,00. Terá 30 dias para recorrer da multa. Não foi preso, não comeu as carnes, mas foi autuado por crime ambiental. Se for condenado, poderá ficar preso de seis meses a um ano.

Para variar, pizza de abóbora e coco

Deu em *O Estado de S.Paulo*. Janeiro de 2004.

No momento em que o cardápio da Dom Feliciano anuncia novidades, os freqüentadores da pizzaria sabem que podem esperar boas surpresas. A casa, localizada em Santana desde 1991, combina ingredientes inusitados e muito bom gosto na hora de produzir as massas. Na lista dos novos ingredientes, figuram a abóbora com coco e o carpaccio de avestruz e ricota defumada e apimentada.

De acordo com o proprietário e fundador, Elifas Feliciano Gonçalves, a aposta nas alternativas exóticas ajudou a firmar a marca e a lançar moda em São Paulo. Desde a abertura da casa, ele inseriu conceitos da cozinha internacional no modo de fazer de um dos mais típicos pratos paulistanos.

Hoje, o local sugere opções com bacalhau, esfiha, carne de siri, picanha defumada e mortadela. São cerca de 20 dicas, grande parte no cardápio desde a inauguração do estabelecimento, como a de lula.

Os três novos sabores confirmam a vocação da pizzaria. O primeiro foi pensado para quem gosta de pratos doces: abóbora com coco, caramelo e mussarela (R$ 28,00). A segunda sugestão vai para quem prefere carnes leves e diferentes: carpaccio de avestruz, molho especial, parmesão e alcaparra (R$ 42,00). Há, finalmente, a pizza solenemente batizada de caliente, que leva ricota defumada apimentada com calabresa moída, tomate, bacon, cebola e mussarela.

Cena de cinema: policiais perseguem ladrão atrapalhado

Deu em *O Dia*. Agosto de 2003.

Rio de Janeiro – Uma perseguição policial digna dos melhores filmes de Holywood, com muitas trapalhadas por parte do ladrão e um acidente inusitado, aconteceu nesta quinta-feira.

Os protagonistas foram o assaltante Cláudio Roberto Santana, 31 anos, que havia acabado de assaltar a estudante Jennifer Fontes Gaister, no interior de um ônibus na Rua Goiás, na Piedade, em frente a Faculdade Gama Filho, e os policiais Altair e Dirlei, da 24ª DP (Encantado), onde a moça registrou queixa.

Segundo a jovem, o bandido, um homem escuro, alto e forte, roubou seu celular e a pulseira, fugindo pela passarela por sobre uma linha férrea. Juntamente com a estudante, os dois policiais saíram atrás do bandido, que foi encontrado no Largo de Cascadura. Ao ver a viatura da 24ª DP, ele pulou o muro da linha férrea.

O ladrão não contava com um buraco com fezes e lama, caindo em seu interior. Os policiais que o perseguiam, acompanharam sua chegada ao outro lado de Cascadura.

Mais trapalhadas do bandido

Os policiais Altair e Dirlei continuaram a caçada, que se estendeu por vários ruas do bairro, onde o bandido pulava muros e telhados, sempre com os policiais em seu encalço. Na Rua Aniba, o bandido pisou em um telhado de amianto e caiu sentado no fogão, em cima de uma panela de feijão.

Aos gritos, mandou a dona da casa abrir a porta e foi para a rua, onde a caçada acabou. Sujo de lama e cheirando mal, o ladrão foi dominado pelos agentes da lei e levado para a delegacia do Encantado, onde a estudante o reconheceu e teve de volta seu celular.

Em seu bolso, foi achado outro celular que a polícia descobriu ter sido roubado de Rita de Cássia Raimundo Lima, no interior de um ônibus na Avenida Ministro Edgard Romero, horas antes. Ela também reconheceu o bandido.

O bandido saiu recentemente da cadeia, onde cumpriu pena de 2 anos por assalto à mão armada.

Assaltante vai à delegacia dar queixa e é preso

Deu na *Folha Online*. Dezembro de 2002.

Um rapaz foi detido na noite de ontem após dar queixa na delegacia sobre uma Kombi roubada. Horas antes, Tiago Magalhães da Silva Carvalho, 22, havia participado de um roubo.

Por volta das 19h, o acusado e outros assaltantes invadiram a empresa de churrasco Diniz, na rua Conselheiro Moreira de Barros, na região de Santana, zona norte de São Paulo. Eles chegaram em uma Kombi e um Fusca.

Espetinhos de churrasco e bebidas foram roubados. O grupo fugiu, mas a polícia foi acionada e localizou os assaltantes.

Houve perseguição e a PM cercou a Kombi, onde estava Carvalho e outros assaltantes, na avenida Alfredo Pujol. Um dos ladrões, Rodrigo de Jesus, 18, foi preso e os demais conseguiram escapar.

Horas depois, Carvalho foi ao 13º DP (Casa Verde) para avisar a polícia que uma Kombi havia sido "roubada". Desconfiados, policiais acionaram a PM, que identificou o rapaz como um dos envolvidos no assalto. Ele também foi reconhecido por funcionários da empresa de espetinhos.

Carvalho e o colega Rafael Pereira, 20, foram presos.

Mais de 90% dos PMs de São Paulo moram em favelas

Deu no *Consultor Jurídico*. Dezembro de 2003.

Mais de 90% dos soldados da Polícia Militar de São Paulo (a quinta força armada das Américas) moram em favelas. São obrigados a ir para o quartel escondendo a farda em pequenas malas, e talvez abandonar essa prática signifique a crônica de uma morte anunciada. De janeiro de 1997 a junho de 2003 foram assassinados 1.226 PMs em todo o Estado de São Paulo.

As informações são do coronel Hermes Bittencourt Cruz, eleito nesta semana presidente da Associação dos Oficiais da Reserva da PM. Cruz dispõe de currículo invejável e ambivalente: se, por um lado, é ainda o único policial militar brasileiro a ter recebido, graças à sua política liberal, uma bolsa de direitos humanos em Columbia, Nova York (presente de um fã seu, o cientista político Paulo Sérgio Pinheiro), Cruz também guarda uma passagem no comando da corporação mais linha-dura do Brasil, a Rota (Ronda Ostensiva Tobias de Aguiar).

Ex-comandante da Academia de Oficiais do Barro Branco, na zona norte de São Paulo, Hermes Cruz teve uma curiosa fama internacional. Em 1993, um bunker explodido em Manágua revelou documentos ao ligar os 10 seqüestradores do empresário Abílio Diniz com grupos terroristas de todo o mundo, incluindo o basco ETA. Num dossiê montado pela quadrilha internacional constava a seguinte frase "cuidado com o coronel Cruz", seguida de um alentado perfil seu.

Pássaros-pretos ficam louros

Deu em O *Debate*. Abril de 2003.

A Rede Globo de Televisão mostrou recentemente uma reportagem que mostrava a apreensão de cerca de 30 pássaros silvestres descoloridos com água sanitária. Os policiais encontraram os animais em um aviário na região do Brooklin Novo, zona sul da capital paulista, por meio de uma denúncia anônima.

Além de comercializar exemplares da fauna nacional, o criativo traficante dava banho com água sanitária (cloro) para clarear as penas e alegar que as aves eram exóticas e estrangeiras. Junto com outras espécies foram encontrados pássaros-pretos (*Gnorimopsar chopi*) e duas araras no local. O dono da loja foi autuado por crime ambiental e multado em R$ 7,5 mil, mas poderá responder processo em liberdade.

Cientistas conectam neurônios de siri a PC

Deu no *IDG Now!* Julho de 2004.

Pesquisadores do Instituto de Física (IF) da USP conseguiram construir uma rede neural híbrida conectando, por meio de sinapses artificiais, um grupo de neurônios de um crustáceo conhecido como siri azul (Callinectes sapidus) a um computador que simula a atividade elétrica de um desses neurônios. O objetivo é desenvolver e testar modelos da atividade de neurônios, isolados ou de grupos, para que, no futuro, circuitos neurais danificados possam ser substituídos por próteses eletrônicas, auxiliando, por exemplo, pessoas paraplégicas ou tetraplégicas.

Os experimentos estão sendo realizados no Laboratório de Fenômenos Não-Lineares (LFNL) do IF e têm a coordenação do professor Reynaldo Daniel Pinto, responsável pela pesquisa Dinâmica Não-Linear em Redes Neurais Biológicas. As experiências envolvem um grupo de onze neurônios pertencentes ao circuito neural que controla os movimentos de "mastigação" do crustáceo.

Para produzir o circuito híbrido, o crustáceo é dissecado e uma parte de seu sistema nervoso é colocada em um suporte adaptado a um microscópio. Em um dos neurônios, os pesquisadores inserem eletrodos que, ligados a um amplificador intracelular, permitem medir o sinal do neurônio e injetar correntes elétricas. O computador, que está simulando o neurônio artificial, lê os sinais coletados pelo amplificador e implementa sinapses artificiais. Pulsos de corrente elétrica são injetados no neurônio artificial e no neurônio biológico como aconteceria se o neurônio artificial fizesse parte do animal.

Segundo o pesquisador, o siri azul é usado porque é fácil encontrá-lo, o custo não é alto e o funcionamento de suas células é semelhante ao de vertebrados. "Uma outra vantagem é que durante várias horas após a dissecação, o circuito neural desse crustáceo continua produzindo os mesmos sinais que produz quando ele está vivo."

A ameaça que vem do espaço

Deu no *Instituto de Aeronáutica e Espaço*. Agosto de 2004.

Recentemente, nos dias 11 e 15 de julho ocorreu um fato insólito na região de Campinas e Itapira, SP. Dois blocos de gelo, o primeiro com peso estimado entre 200- 300 kg e o segundo com 30-60 kg, caíram do espaço. O fato está repercutindo em todo o meio científico. O Cepagri-Unicamp e pesquisadores de diversas instituições do País estão analisando esse evento cósmico, sem paralelo na história da ciência. Da equipe integra o astrônomo Nelson Travinik, dos observatórios astronômicos de Piracicaba e Americana, SP, que dissertará sobre o assunto.

Recusa ao sexo pode gerar indenização, diz advogada

Deu na *Folha de S.Paulo*. Dezembro de 2001.

A advogada Regina Beatriz Tavares da Silva, 44, afirma que o cônjuge ou companheiro que se recusa a ter relações sexuais pode ser condenado judicialmente a indenizar o outro.

Folha – Uma das obrigações matrimoniais é a de os cônjuges manterem contato sexual. O fato de um dos cônjuges se negar a fazê-lo é motivo para um pedido de separação. Também é motivo para um pedido de indenização?

Regina – Sem dúvida. O descumprimento de todos os deveres conjugais, uma vez que exista dano, gera ao ofendido o direito de pleitear indenização.

70% da pornografia na web ocupa horário comercial

Deu no *Plantão Info*. Abril de 2004.

São Paulo – A Cobion, braço da Internet Security System (ISS) para filtragem de conteúdo e sistemas anti-spam, divulgou um estudo em que mostra que 70% do acesso a sites pornô acontece das 9 às 17 horas, ou seja, em horário comercial.

Segundo a empresa, 30% a 40% dos acessos feitos neste período do dia nada têm a ver com o trabalho – além de pornografia, MP3 e o Hotmail são os mais acessados pelos funcionários durante o trabalho. Pelas projeções da Cobion, isso equivale a um gasto anual de mais de 580 mil dólares (em horas não trabalhadas) para uma empresa com 100 funcionários.

O estudo ainda aponta que 45% dos 31 bilhões de e-mails que circulam diariamente em todo o mundo são spam.

Motel da "rapidinha" cobra R$ 1,99 por três minutos e aposta na clientela de "homens-galo"

Deu na *IstoÉ*. Agosto de 2004.

Estudos veterinários comprovam que um galo gasta em média três segundos para atingir o clímax em uma relação sexual. O homem brasileiro leva 30 minutos, segundo dados do Atlas Penguin do comportamento sexual humano. Mas, na contramão dessa pesquisa, um motel de Diadema, na

Grande São Paulo, inova e cobra R$ 1,99 por três minutos para tentar atrair uma clientela de "homens-galo".

Nem mesmo as Organizações Tabajara, do Casseta & Planeta, fariam promoção melhor, até porque há homens que conseguem ter prazer em apenas três minutos. Pelo menos é o que garante Aparecida Perpétua Rodrigues, há dois anos recepcionista do Diamor Motel.

"Um homem disse que ficaria só três minutos e eu falei para ele que talvez fosse pouco. Mas ele disse que dava sim. Aí, eu fechei o portão. Quando virei as costas, ele já estava de volta e disse: – Não falei que ia dar?"

Em seguida, lembra a recepcionista, o cliente olhou para a moça ao seu lado e perguntou:

"Você não está satisfeita, querida?", "Completamente", respondeu sua acompanhante.

O tempo médio da performance dos "homens-galo" é de seis minutos, segundo Aparecida. "Nenhum levou mais de 12 minutos até hoje", garante. A cronometragem da recepcionista está de acordo com o tempo de permanência dos casais no motel, como pode ser comprovado pelo livro de registros. A "rapidinha" atrai fregueses de todas as camadas sociais. "Aqui tem muito cliente com carro novo. Já veio até BMW. Tem filho de empresários da cidade e também advogados, que mostram a carteira da OAB", revela a recepcionista.

O Diamor é um motel simples, mas bem cuidado. Tem chalés sofisticados a preços similares a outros de sua categoria, inclusive com camas redondas.

Os quartos de R$ 1,99 contam com os mesmos serviços encontrados nos motéis tradicionais. Os casais podem adquirir no "Diamor Shopping", segundo o catálogo encontrado no quarto, "tanga sexy" ou calcinhas "Bumbum Tchan", a R$ 10 cada uma.

Na entrada, a recepcionista expõe a tabela de preços a cada três minutos. Se o cliente quiser uma "corrida fechada", por uma hora, fica mais em conta: R$ 15. Trinta minutos à base de R$ 1,99 já não compensa. O cronômetro, nesse caso, registraria R$ 19,90. "Muita gente aparece a pé para perguntar. E pensa que é R$ 1,99 por uma hora e aí não volta", diz Aparecida. A idéia foi da proprietária, a empresária Silvia Albert, e começou no Natal. "Como Natal tem a ver com peru e peru tem a ver com motel, demos o nome de promoção do peru", explica a recepcionista. Não se sabe a razão, mas os clientes "1,99" aparecem principalmente pela manhã, entre 7 e 10 horas, ou à tarde, entre 15 e 17 horas. Um aviso: o Diamor não aceita passe nem vale-refeição.

Perda de virgindade não leva à indenização

Deu em *O Debate*. Dezembro de 2002.

Tribunal de Alçada nega indenização a concubina que alegava não saber que o companheiro era casado.

A 5ª Câmara Cível do Tribunal de Alçada de Minas Gerais negou provimento à Apelação n.º 374.909-1, em que M.A.P.B. pleiteava indenização por danos morais de seu ex-concubino, porque omitiu que era casado durante o relacionamento.

Em 1976, M.A.P.B. começou a se relacionar com R.S.T. Ela alega que se deixou seduzir pelas promessas de casamento e entregou a ele sua virgindade com 19 anos. Neste tempo, eles passaram a ter um relacionamento de concubinato, que durou 18 anos e 4 meses e tiveram até um filho, que ele só assumiu após exame de paternidade. Ela alega ter descoberto que ele já era casado durante o relacionamento.

M.A.P.B. ajuizou uma ação indenizatória contra R.S.T., alegando que ela perdera toda sua juventude por causa dele, tendo sido deflorada e iludida.

O juiz Armando Freire, relator da apelação, observou em seu voto que "o defloramento só é causa de indenização, se houver condenação no âmbito penal, por crime de estupro ou sedução", o que não houve. Destacou ainda que não há nenhuma prova de que ela era virgem quando começou a namorá-lo. O juiz apontou também que o pai dela conhecia R.S.T., o que afasta a hipótese de que ela não sabia que ele era casado. "Se alguém tem direito à reparação moral seria o cônjuge inocente, ou seja, a esposa do réu, tanto contra este como contra a ora autora, porque esta é cúmplice no adultério."

Trabalho de parto apressa cerimônia em casamento comunitário

Deu na *Folha de S.Paulo*. Fevereiro de 2004.

Cerca de oito mil pessoas estiveram presentes no maior casamento comunitário do mundo, na manhã deste domingo, no Ginásio do Ibirapuera (zona sul da capital), segundo o governo do Estado. No total, 1.434 casais se uniram, e cinco mil pessoas foram como convidados.

O evento deveria começar às 10 horas. Mas o primeiro casamento aconteceu às 9h50, de forma inusitada – a dona de casa Maria José Basílio da Silva, 35, entrou em trabalho de parto, e precisou sair para o hospital. Ela estava grávida de oito meses. Depois da breve cerimônia, Maria José foi levada para o Hospital São Paulo.

Segundo seu marido, o operador Sérgio Ferreira, 41, o casal, que mora em Ermelino Matarazzo (zona leste), já havia escolhido o nome do bebê – Deyvid.

Mulher cobra indenização de noivo que desistiu de casamento

Deu na Folha *Online*. Maio de 2002.

Um homem que desistiu de casar 15 dias antes da cerimônia, em setembro de 1996, em São Paulo, tenta se livrar do pagamento de indenização por danos morais e materiais à ex-noiva e ao pai dela.

A ex-noiva, R.B.A., e o pai, W.A., moveram uma ação contra R.L. cobrando indenização por danos morais de 1.500 salários mínimos (R$ 300 mil em valores atuais) para ela e indenização por prejuízos materiais de R$ 12.294,27 para ele em razão dos gastos com a preparação da festa.

Quando ele desistiu, os convites já haviam sido entregues, vários presentes, recebidos e o apartamento onde morariam havia sido mobiliado e decorado, segundo afirmam a ex-noiva e o pai dela.

O pai da ex-noiva diz que havia pagado todas as despesas da cerimônia, como a confecção do vestido de noiva, o bufê, a decoração da igreja e do local da recepção, a contratação de músicos, fotógrafo e cinegrafista. Consta no processo que o casal havia namorado por cinco anos.

Na primeira instância, R.L. foi condenado a pagar metade dos gastos do pai da noiva e cem salários mínimos a ela (R$ 20 mil), mas ele conseguiu reverter a derrota no TJ.

Brasileiro enfrenta Justiça para registrar filho como Osama bin Laden

Deu na *Veja Online*. Novembro de 2001.

Quando Maria Aparecida Oliveira Soares deu à luz, em 8 de outubro, seu marido, Osvaldo, já tinha decidido o nome da criança. O menino, que nasceu com 3,2 kg, se chamaria Osama bin Laden, uma homenagem ao terrorista mais procurado no mundo. Desde então, o casal briga na Justiça para registrar o filho. Na primeira audiência, ocorrida nesta quarta-feira, no Fórum de Embu (SP), juízes passaram uma hora tentando convencer Maria Aparecida e Osvaldo de que o nome poderá deixar a criança em situações constrangedoras. Mas, segundo reportagem publicada pelo Jornal da Tarde, os argumentos não foram suficientes.

Osvaldo, 46 anos, e Maria Aparecida, 36 anos, moram com os oito filhos em um barraco sem água encanada nem televisão, no meio do mato, no município de Embu. O pai contou aos juízes que a admiração pelo terrorista vem da época que morou em Bagdá, onde trabalhou como operário de uma construtora brasileira, durante nove meses. "Gosto muito do Laden. Ele é uma pessoa boa e não esse terrorista que os americanos dizem."

Durante a conversa que teve com os juízes, Osvaldo tentou desmontar os argumentos que impedem o registro do nome com base na Lei de Registros Públicos. Por admirar Laden, o baiano não acredita que a criança poderá enfrentar situações de constrangimento ou vexame. Para ele, seguindo este raciocínio, outros nomes também deveriam ser proibidos, como Fernando, por causa do seqüestrador Fernando Dutra Pinto, e Francisco, por causa do maníaco do parque.

"Não abro mão e vou recorrer a todas as instâncias", declarou. Se não conseguir, o casal decidiu registrar o menino como Mateus, mas já avisou que ele será chamado para sempre de Osama bin Laden Feliciano de Oliveira Soares. Osvaldo garantiu aos juízes que o nome será bem aceito em Bagdá, para onde a família pretende se mudar no próximo ano. "São uns árabes meus amigos que vão nos levar. Só posso garantir que não sou terrorista", declarou, sem dar detalhes sobre a viagem.

Saddam Hussein – Esta não é a primeira vez que Osvaldo e Maria Aparecida, que freqüentam as igrejas Católica e Evangélica, optam por um nome polêmico. O quinto filho, hoje com 8 anos, só escapou de se chamar Saddam Hussein porque o avô de Maria morreu perto do nascimento da criança. Em homenagem ao parente, eles resolveram batizar o menino de André. "Ainda brinquei que ele poderia escolher o nome do próximo filho."

Mulher "esquece" data de nascimento e é presa em São Paulo

Deu em O *Bedelho*. Julho de 2004.

Um casal foi preso às 21h45 de sábado quando tentava comprar uma roupa e calçados no Shopping Internacional Guarulhos (Grande SP) com documentos e um cheque falsificados.

O gerente da loja Viv L'eroá, Peterson Silva Campos, 27, suspeitou da dupla quando ela foi pagar a compra que fizera – uma calça, uma sandália e um tênis –, no valor de R$ 374. Quando ele pediu a data de nascimento da mulher para confirmar os dados do cheque que ela acabara de assinar, ela teve de olhar o RG para responder.

Estranhando a atitude, Campos decidiu telefonar para a casa da pessoa cujo nome estava no documento. A mulher que atendeu disse que havia tido os documentos roubados sete anos atrás. Os seguranças do shopping foram chamados e a dupla foi presa.

Gerald Thomas baixa as calças em teatro no RJ

Deu no *Terra*. Agosto de 2003.

Gerald Thomas foi vaiado na estréia de sua peça Tristão e Isolda, baseada na obra de Wagner, no Teatro Municipal. Segundo o jornal *Estado de S.Paulo*, o diretor subiu ao palco duas vezes no final do espetáculo. Em uma das vezes, baixou as calças e mostrou o traseiro para os espectadores.

Após a cena, os artistas ficaram sem graça e alguns até deixaram o palco. O público teria vaiado Thomas pelas suas proposições, ou seja, novamente o diretor colocou no palco seus fetiches, comum a suas peças, como as cenas de sexo e o anti-semitismo.

Ator da Rede TV! tem infarto e morre durante pegadinha

Deu no *Agora São Paulo*. Dezembro de 2002.

Um ataque cardíaco matou ontem o ator Wanderley Baptista, 42, no Guarujá, litoral sul de São Paulo, durante gravação para pegadinha para o programa "Superpop", de Luciana Gimenez, que é apresentado de segunda a sexta-feira. Ele morreu às 14h40.

Baptista chegou perto de três rapazes, numa barraquinha da praia da Enseada, no Guarujá, para aplicar a pegadinha, quando caiu morto em cima da mesa.

Como ele era uma pessoa muito brincalhona, a produção do programa achou que ele estava pregando uma peça, mas logo viram que o caso era sério e foram tentar socorrê-lo. Antes de o corpo ser retirado do local, uma ambulância foi chamada.

A brincadeira que ele iria gravar na praia seria a seguinte: o ator venderia casquinhas de siri por R$ 3,00 a dúzia. Quando o comprador abrisse para comer, não teria nada dentro.

Mulher é presa em SP com 1,5 kg de cocaína na calcinha

Deu na *Folha Online*. Janeiro de 2003.

Com um 1,5 kg de cocaína no enchimento da calcinha, a doméstica carioca Valéria Luiza dos Santos Silva, 27, foi presa em flagrante no aeroporto internacional de Guarulhos, na Grande São Paulo, na noite de ontem.

Ela estava embarcando para Cape Town, África do Sul, quando foi detida por investigadores da 4ª Dise do Denarc (Departamento de Investigações Sobre Narcóticos).

Desempregada e grávida de seis meses, a mulher disse que foi convencida a participar do esquema de tráfico internacional por um nigeriano, durante encontro em um bar da Barra da Tijuca, Rio de Janeiro. O traficante se encarregou de preparar a calcinha de Valéria.

Em dezembro, ela esteve na África e ficou uma semana em Cape Town para conhecer a cidade.

Na semana passada, a doméstica, moradora de Jacarepaguá, foi trazida de carro a São Paulo, onde ficou hospedada em um hotel. De táxi, ela foi até o aeroporto para o embarque.

Os policiais do Denarc, com a informação sobre o esquema de tráfico, pediram que o nome dela fosse censurado no check-in. A droga, envolta em esparadrapo, estava na calcinha dela, apreendida pelo Denarc.

Após cirurgia, homem passa 30 dias com espátula alojada no abdômen

Deu na *Agência Folha*. Setembro de 2004.

Um agricultor da cidade de Itapirapuã Paulista (392 km a sudoeste de São Paulo) permaneceu 30 dias com uma espátula cirúrgica dentro de seu abdômen após passar por uma cirurgia no Conjunto Hospitalar de Sorocaba.

Edicley Siqueira, 22, foi operado no dia 24 de julho no Hospital Regional de Sorocaba – uma das unidades do complexo. A cirurgia foi realizada após o agricultor ter recebido uma facada na barriga durante uma briga, informou a Polícia Civil de Apiaí, onde um boletim de ocorrência em relação ao erro médico foi registrado.

Depois de ser operado em Sorocaba, o agricultor voltou para a casa, mas continuou se queixando para familiares de fortes dores abdominais.

Radiografia

No dia 24 de agosto, uma radiografia realizada na Santa Casa de Apiaí constatou a existência de uma espátula de cerca de 30 centímetros no abdômen do agricultor. Uma nova cirurgia foi realizada para extrair o objeto.

Devido a uma infecção contraída pela presença do material, parte do intestino de Siqueira foi extirpada.

O agricultor, que se recupera das cirurgias em sua casa em Itapirapuã Paulista, pretende processar a direção do hospital que realizou a primeira operação, segundo a Polícia Civil de Sorocaba.

A assessoria de comunicação da Secretaria da Saúde do Estado – órgão que coordena as atividades no Conjunto Hospitalar de Sorocaba – informou que uma sindicância interna foi instaurada para apurar o caso.

Sul

Marisa faz seu 1º discurso e batiza navio, que encalha

Deu na *Folha de S.Paulo*. Julho de 2003.

Itajaí (SC) – Batizado pela primeira-dama, Marisa Letícia Lula da Silva, o navio de longas distâncias Metaltanque 6 encalhou parcialmente na sua estréia nas águas.

O atraso de três horas do presidente Luiz Inácio Lula da Silva na sua chegada a Itajaí – em razão de uma forte neblina que não permitia vôo de aeronaves – fez que a comitiva oficial só pousasse na cidade quando a maré começava a baixar.

A primeira-dama acionou botão de um aparelho que jogava uma garrafa de champanhe no casco do navio e soltava as fundações que o mantinham no solo, levando-o assim para as águas do rio Itajaí-açu.

Como a cerimônia – prevista para às 11h, ainda durante a maré alta, só começou às 14h, já na maré baixa – a proa do navio permaneceu em terra, após ter sido lançado às águas.

Rebocadores foram usados para desencalhar o navio, que tem 123,90 metros de comprimento e pesa 8.750 toneladas. Será usado no transporte de gases liquefeitos de petróleo.

Durante o batismo, Marisa fez uma declaração curta ao microfone, mas se recusou a ler um texto deixado pelos organizadores no púlpito em que ela estava.

"Estou muito emocionada por batizar esse navio. Quero desejar toda a sorte à sua gente. Não vou ler isso que está aqui não", afirmou ao microfone, rindo, ao lado do presidente Lula e do dono do estaleiro, Frank Vaslak.

Foi a estréia da primeira-dama em pronunciamentos públicos.

Avó presa até conseguir dinheiro e pagar a pensão da neta

Deu na *Agência Estado*. Junho de 2004.

Porto Alegre – Eva Nazário Vianna, de 68 anos, ganha R$ 410,00 por mês. Mas tem até o dia 12 deste mês para conseguir R$ 516,00 e pagar a pensão alimentícia de sua neta de 15 anos. Caso não consiga esta quantia, poderá ser transferida de sua casa, no bairro Operário, em Montenegro, onde mora, para o Presídio Feminino Madre Pelletier, em Porto Alegre, convivendo com detentas com crimes como roubos e assassinatos.

O drama de Eva comoveu até a oficial de Justiça Márcia Alves, de 34 anos, que foi à sua casa comunicar a decisão da juíza Romani Dalcin, do Fórum de Triunfo, que deu a sentença: "Legalmente está correta a decisão. Mas é um absurdo essa senhora ficar presa. Muitas vezes a decisão fica longe da mesa do juiz".

Com uma renda mensal de R$ 410,00, a pensionista está sendo cobrada porque seu filho, o marinheiro Luiz Carlos Vianna, 45 anos, está desaparecido desde 1990. A última notícia que se tem dele, de 1998, é que estaria morando em Tocantins. Como gasta R$ 200,00 só com medicamentos para tratar de seus problemas com angina, arteriosclerose e gastrite, ela não consegue manter em dia as contas de água, luz e mercado (R$ 126,00).

Desde o nascimento, foi Eva, viúva há 18 anos, quem tomou conta das netas. Depois do retorno de uma hospitalização em Porto Alegre, ela avisou à mãe das meninas (só a mais nova ainda tem direito) que não teria mais condições de sustentá-las.

A juíza Romani Dalcin, logo após a sentença, não deu declarações e viajou em férias. Sem a sua ordem, Eva não pode sair de casa, o que, segundo a sua filha de criação Maria Teresa da Rosa, 47 anos, a deixou muito abalada: "É um absurdo, pois ela ganha bem menos do que tem que pagar. Esta prisão, mesmo sendo domiciliar, a deixou muito humilhada e envergonhada".

Diretor é acusado de filmar funcionárias no banheiro

Deu na *Folha Online*. Setembro de 2004.

O diretor de uma empresa de consultoria empresarial na zona norte de Porto Alegre foi detido na terça-feira pela polícia acusado de ter instalado uma câmera de vídeo no banheiro e filmado suas funcionárias.

A câmera era direcionada ao vaso sanitário, e o homem observava as mulheres sentadas. Foi apreendida a câmera, o monitor e dois computadores, segundo o inspetor Márcio Ham Santos, da 22ª Delegacia de Polícia.

Uma funcionária recém-contratada fez a acusação para a polícia, que não quis revelar as identidades dos envolvidos nem da empresa, localizada na avenida Baltazar de Oliveira Garcia.

A funcionária desconfiou do chefe quando ele lhe perguntou o porquê de ela ir tantas vezes ao banheiro. Intrigada pela pergunta e pelo fato de ele saber das suas idas ao banheiro, ela procurou e achou a câmera instalada no local.

A polícia analisa o crime no qual o empresário poderá ser indiciado. As mulheres da empresa poderão entrar com ação por danos morais.

Homem invade rádio e obriga a tocar seu CD

Deu no *Globo Online*. Setembro de 2002.

Um homem armado invadiu os estúdios da Rádio Atlântica às 15h10 e, apontando a arma para a cabeça do locutor Márcio Paz, exigiu que a estação veiculasse todo um CD da banda chamada ACC, sigla de "Além do Céu Cinzento". A banda estaria lançando o CD "Fases da Vida", que teria músicas inspiradas na Segunda Guerra Mundial.

Ao entrar no prédio, localizado na Rua Correia Lima, 1.960, no Morro Santa Teresa, em Porto Alegre, o homem apresentou um documento identificando-se como Marcelo Getúlio dos Santos. Em seguida, entrou no estúdio e exigiu que um funcionário deixasse o local e enviasse à direção da rádio uma carta-manifesto, cujo conteúdo ainda não foi divulgado.

Pouco depois, o homem entrou no ar, identificou-se como Cram e disse que não "estava na paz". O programa veiculado neste horário se chama "Na Paz". Não informado se o CD chegou a ser tocado durante o horário em que o homem esteve no ar.

Banco é multado por excesso de tempo na fila

Deu em O *Debate*. Outubro de 2003.

Conselho Municipal de Defesa do Consumidor da cidade de Concórdia/SC multou a Caixa Econômica Federal em R$ 1,2 mil por descumprir Lei Municipal que estabelece prazo máximo para atendimento.

O juiz substituto da Vara Federal de Joaçaba, Rafael Lago Salapata, negou a liminar requerida pela Caixa Econômica Federal, para suspender a multa de R$ 1,2 mil, aplicada pelo Conselho Municipal de Defesa do Consumidor em Concórdia.

O magistrado não aceitou o argumento de que o município de Concórdia não teria competência para legislar sobre o funcionamento das instituições financeiras, no qual a CEF fundamentou sua pretensão.

Segundo Salapata, "o tempo máximo de espera de clientes em filas de estabelecimentos bancários pode ser perfeitamente disciplinado por legislação municipal, uma vez que não contraria qualquer disposição relacionada ao Sistema Financeiro Nacional".

Detenta hospitalizada vai tranqüila pra casa

Deu em O *Momento*. Janeiro de 2004.

Um caso curioso ocorreu no HNSP, casa de saúde que foi alvo das principais notícias no estado esta semana, que nada tinha a ver com o caso do fechamento da UTI. Vamos lá! A detenta Andréia Oliboni, 27 anos (art. 12), foi internada para tratamento médico com o psiquiatra Paulo Agustini, que foi embora pra casa no bairro Caravagio. Quando os policiais da escolta foram verificar o estado da detenta, ela não estava mais no hospital e trataram de buscá-la em casa na manhã de terça, dia 30. No momento do fechamento desta edição, uma denúncia a nossa redação informava que a detenta havia retornado ao nosocômio, onde voltou a ser internada, agora algemada na cama do quarto 207.

Homem é suspeito de matar vizinho por causa de nome do cachorro

Deu na *Folha Online*. Dezembro de 2004.

Um homem é suspeito de matar a facadas o vizinho no bairro da Vila Guaíra, em Curitiba (PR), na segunda-feira. O motivo seria o nome do cachorro, que seria igual ao da mulher do suposto agressor.

De acordo com policiais militares do 13° Batalhão, que atenderam a ocorrência, o crime ocorreu por volta das 18h30, na rua João Fagundes Machado. Segundo testemunhas, o agressor seria Marcos Aurélio Nunes.

Segundo a PM, a vítima, Eudivino Lopes, 57, levou quatro facadas e foi encaminhada, em estado grave, para o Hospital do Trabalhador, em Curitiba, onde morreu meia hora mais tarde. Os policiais não souberam o nome que a vítima teria dado ao cão.

O delegado-titular da Delegacia de Homicídios de Curitiba, Luis Alberto Carpacho Moura, para onde a ocorrência foi encaminhada, não confirma a autoria do crime e diz que sua equipe ainda investiga o caso. O acusado está em liberdade.

Família que se desarma unida é assaltada unida

Deu em *O Bedelho*. Agosto de 2004.

Conselheiro do Tribunal de Contas do Paraná, Quielse Crisóstomo andava armado há 30 anos, até que ele e família se renderam à campanha de desarmamento. No dia seguinte ao da entrega das armas, toda a família foi assaltada em casa, pertinho do Palácio Iguaçu, sede do governo estadual.

Árbitro é preso durante jogo e torcida aplaude

Deu no *Diário do Nordeste*. Julho de 2004.

O fato, inusitado, ocorreu no futebol paranaense, na cidade de Guaíra, no domingo. O árbitro de futebol amador Roberto Gonçalves foi preso por policiais federais em pleno gramado, ainda uniformizado e de chuteiras.

Os torcedores não entenderam nada, mas aplaudiram a decisão, já que a atuação do juiz não agradava a ninguém. O homem era um assaltante procurado, segundo a PF de Guaíra.

Insatisfação

Deu na *Gazeta do Povo*. Agosto de 2004.

Insatisfeito com o resultado de uma prótese dentária encomendada para a esposa, um comerciante de Santa Catarina acabou sustando o cheque que pagaria o serviço, orçado em R$ 700,00. Inconformado com a falta de pagamento, o protético processou o cliente, exigindo o pagamento do cheque. A discussão judicial acabou na penhora de um bem do devedor, que entregou a própria dentadura da esposa. O juiz deve decidir nos próximos dias se aceita o objeto para penhor ou se vai pedir outro bem como garantia.

Pastor ganha indenização por cobrança indevida de tele-sexo

Deu em *O Debate*. Janeiro de 2004.

A Brasil Telecom S/A foi condenada a pagar indenização por cobrança indevida de ligações telefônicas – DDD, DDI e 0900 – a um pastor evangélico.

Por maioria de 6 votos a 2, o 5° Grupo Cível do Tribunal de Justiça estabeleceu o ressarcimento de R$ 2.253,54, pelos serviços cobrados, e o pagamento de R$ 5.400,00 referentes aos danos morais gerados.

O proprietário do terminal telefônico movia ação indenizatória desde 1999, afirmando que passou a receber, em julho de 1998, contas de serviços telefônicos que não estaria utilizando. Chegou a bloquear as ligações do tipo 0900, DDD e DDI e a trocar o número de seu telefone residencial, mas as irregularidades permaneceram. Mesmo com registro no Procon, ocorrência policial e manifestação por meio de reportagens no jornal *Zero Hora* e na TV Bandeirantes, acabou perdendo o direito à utilização do prefixo.

O autor ressaltou ser pessoa de idade, casado, pastor evangélico e portador de problemas de saúde, alegando ter sofrido, além de danos morais, prejuízo financeiro, já que precisou pedir dinheiro emprestado para pagar as contas. A ré argumentou que o requerente não comprovou que as ligações não foram efetuadas por ele de seu terminal telefônico.

Alegou que, apesar de bloqueado, o aparelho poderia realizar as chamadas, desde que a pessoa utilizasse a senha fornecida ao assinante para desbloqueá-lo.

Três orquestras para um baile

Deu no *Jornal Caiçara Online*. 2004.

Há muitos anos, Ariovaldo Huergo, popular Nuche, resolveu sair candidato à presidência do clube Concórdia, sociedade da elite cujos presidentes sempre eram senhores engravatados e o Nuche não sabia o que era usar uma gravata. O slogan de sua candidatura foi copiado de uma campanha política no país: "o tostão contra o milhão". Não lembro quem foi o outro candidato, só sei que Nuche ganhou folgadamente. E, em sua gestão, aconteceu um fato curioso: a diretoria tinha três diretores sociais: o então capitão do exército Dalaqua, Luiz Gonzaga Feijó e o saudoso Carlos Sibut. Era fim de ano, o Concórdia realizaria seu grande baile. Aí o fato curioso: cada diretor social contratou, sem que os outros soubessem, uma orquestra cada um. Quando Nuche ficou sabendo do fato, já não havia mais possibilidade de cancelamento, e aí ele deu uma de joão-sem-braço: licenciou-se e passou a presidência ao vice, Ivan Vidal Portela. Na sexta-feira que antecedia o grande baile, as três orquestras chegaram em Porto União e uma ordem foi dada à portaria: a primeira que chegasse no clube entraria para tocar no baile, as outras duas seriam dispensadas. E assim aconteceu. As outras duas que ficaram a ver navios entraram na Justiça. Só que uma delas, na última hora, conseguiu um baile em Caçador, porque a orquestra contratada não apareceu. O resultado das ações na Justiça, não ficamos sabendo. A orquestra que tocou no baile foi aquela contratada pelo Luiz Gonzaga Feijó.

Mundo

Nos últimos anos a maluquice não aumentou, apesar de parecer justamente o contrário. O que temos é acesso quase instantâneo a uma série de povos e culturas que continuam fazendo suas esquisitices de sempre.

Óbvio que muita coisa muda, sempre. A maneira como as diferentes sociedades reagem aos fatos do seu próprio cotidiano é o que nos permite entender as características e conflitos desses povos.

Hoje existe grande discussão mundial em torno de assuntos religiosos e livre-expressão da fé. No Rio de Janeiro querem tornar novamente obrigatório o ensino religioso. Na França, ao contrário, querem proibir manifestações de fé e roupas religiosas nas escolas públicas.

Lógico que alguns povos parecem ter vocação para a esquisitice. Os americanos são os reis das notícias curiosas. Nenhum país parece ter tanta gente disposta a:

- se enfiar numa caixa e se mandar pelo correio para a casa de seus pais;
- virar assaltante de banco para poder pagar uma operação num gato;
- protestar contra a parada gay espalhando esterco nas ruas;

- comprar e distribuir gratuitamente 6 mil ingressos do filme *A paixão de Cristo;*
- fazer o alistamento eleitoral em clubes de *strip-tease*.

Mas os europeus não ficam atrás. Em alguns assuntos eles dão um banho de civilização no resto do mundo, como quando:

- dispensam do exército os soldados viciados em internet;
- protestam contra o tratamento dado aos pais separados jogando um saco de pó roxo na cabeça do Primeiro Ministro inglês Tony Blair;
- criam um guia turístico para os moradores de rua de Roma;
- resolvem ajudar a pagar as dívidas da empresa onde trabalham doando esperma para coletar o dinheiro;
- criam o "Casamento Patrocinado", no qual tudo é gratuito, mas até o *jingle* da empresa patrocinadora toca na entrada da noiva na igreja.

Realmente, o mundo não seria o mesmo sem esses nossos colegas.

Você imaginaria que o homem mais peludo do mundo vive em que país? Aposto que não pensou que ele fosse chinês, não é? E foi submetido a algumas operações, pois o excesso de pêlos (96% do corpo) estava prejudicando sua audição.

E já não bastassem os problemas que todos conhecemos da África, ainda tinha de surgir mais uma doença misteriosa transmitida por animais, com sintomas semelhantes ao HIV?

Enquanto tudo isso acontece no mundo, aqui no Brasil o Supremo Tribunal de Justiça finalmente concedeu habeas corpus a um rapaz que furtou R$ 0,15.

Geral

Celular da Siemens avisa se dono tem mau hálito

Deu na *Folha Online*. Setembro de 2004.

A Siemens Mobile, fabricante alemã de telefones celulares, disse nesta terça-feira que vai desenvolver o primeiro celular que vai avisar seus donos quando eles tiverem mau hálito.

O aparelho vai usar um pequeno chip, que mede menos de um milímetro, para detectar odores desagradáveis, disse uma porta-voz da Siemens Mobile. Uma equipe de pesquisa que trabalha na cidade de Munique está desenvolvendo o aparelho, que terá uma nova tecnologia de sensor.

"Ele examina o ar nas proximidades e procura por qualquer odor estranho, desde álcool até outros níveis de gás atmosféricos", disse a porta-voz. "Algumas pessoas levam seus hálitos muito a sério", afirmou.

Cientistas descobrem que menos luz solar está chegando à Terra

Deu no *Último Segundo*. Maio de 2004.

Na segunda metade do século 20, o mundo se tornou, literalmente, um lugar mais escuro. Desafiando a expectativa e a explicação fácil, centenas de instrumentos pelo mundo gravaram uma queda de luminosidade que atinge a superfície da Terra, cerca de 10% do fim dos anos 50 ao começo dos 90, ou 2% a 3% por década.

Em algumas áreas como Ásia, Estados Unidos e Europa, a queda foi ainda mais acentuada. Hong Kong viu um decréscimo de 37% na luz solar que recebe.

Ninguém está prevendo que logo teremos noite o dia todo, e alguns cientistas acreditam que o céu tenha ficado mais claro na década passada em função da causa suspeita de escurecimento global.

Mas a tendência de escurecimento – notada por uma série de cientistas há duas décadas, mas dispensada na época como inacreditável – está hoje atraindo muita atenção. As medidas de satélite mostram que o sol permanece brilhante como sempre, mas, cada vez menos, a luz tem atravessado a atmosfera e atingido o solo.

A poluição atrapalha a luz solar de duas formas, acreditam os cientistas. Parte da luz reflete nas partículas de fuligem do ar e volta para o espaço. A poluição também faz com que as gotículas de água condensem, provocando nuvens mais grossas e escuras que também bloqueiam muita luz.

Mas a dinâmica e o efeito do escurecimento global não são completamente conhecidos. A Antártica, onde se espera que tenha ar limpo, também escureceu.

"No geral, nós não compreendemos completamente isso que está acontecendo", afirmou Dr. Shabtai Cohen, um cientista do Ministério de Agricultura israelense que tem estudado o escurecimento há uma década. "E nós não temos a história inteira".

O mundo insólito em 2002

Deu no *Último Segundo*. Dezembro de 2002.

O ano 2002 trouxe um bom lote de acontecimentos insólitos, às vezes eclipsados por uma atualidade importante: eis aqui uma seleção desses acontecimentos, relatados pelas autoridades ou pela imprensa.

Paris

Um homem foi detido no começo de janeiro em Paris quando tentava apagar a Chama do Soldado Desconhecido sob o Arco do Triunfo urinando sobre ela.

O insolente, militar de carreira, aparentemente perturbado, foi levado a uma enfermaria psiquiátrica.

Estados Unidos

• Uma americana passou várias horas presa no vaso do WC de um avião Boeing 767 em um vôo transatlântico.

Tinha dado descarga sem se levantar do vaso.

Como a limpeza do WC se faz mediante uma forte sucção de ar, a passageira sofreu um efeito de ventosa que a condenou a viajar sentada no vaso até chegar a Nova York, onde uma equipe técnica a liberou.

• Um jovem russo de 26 anos foi detido em São Petersburgo quando passeava pelas ruas com um lança-foguetes antiaéreo.

Declarou à polícia que tinha encontrado a arma, um Igla em bom estado, em um campo de tiro da cidade e que ia ver seus amigos para lhes mostrar a descoberta.

• A polícia de Oldham, noroeste, inventou um "novo procedimento" – pouco eficaz – para lutar contra os ladrões.

Alertados por vizinhos que viram um homem roubando uma caminhonete, os policiais pediram a um deles que desse seu celular ao suposto ladrão para ser interrogado.

Este afirmou que estava descarregando seu próprio veículo porque temia um roubo.

Satisfeitos com a explicação, os policiais não foram ao local e o ladrão pôde agir tranqüilamente.

• Os eleitores de Hartpool, nordeste, instalaram na prefeitura um candidato que tinha feito sua campanha fantasiado de macaco.

O traje do animal, que é a mascote do time local de futebol, levou Stuart Drummond à prefeitura, na qual poderá aplicar seu programa eleitoral cuja medida principal é: "bananas gratuitas para as crianças nas escolas".

Por outro lado, o senhor prefeito é figura central em um "escândalo sexual": foi descoberto em outubro em um bar de *strip-tease*.

• Um coelho permitiu a 31 presos em Uganda escaparem do presídio surgindo surpreendentemente no jardim da prisão.

Seu aparecimento abriu o apetite dos guardas, que se puseram a caçá-lo esquecendo-se de vigiar os detidos, que aproveitaram a ocasião.Não se sabe, porém, se o coelho escapou também.

• Uma candidata democrata-cristã às eleições parlamentares sugeriu reativar o crescimento econômico aumentando a natalidade graças à transmissão de filmes pornôs pela televisão.

A melhor forma de fomentar a natalidade consiste em transmitir esses filmes todos os sábados o dia inteiro, propôs Teres Kirpikli.

"Quero erotismo e pornografia na televisão todo dia e assim as pessoas terão mais vontade de fazer amor", explicou a líder social-cristã, que, por sua vez, já é mãe de três filhos.

África

Calendário com fazendeiros nus vira best-seller na África do Sul

Deu na BBC. Dezembro de 2004.

Fazendeiros da África do Sul tiraram a roupa para um calendário beneficente que está fazendo um enorme sucesso no país.

Apesar de todos eles serem de meia-idade e de terem várias gordurinhas a mais, a primeira edição do calendário esgotou apenas no primeiro dia de vendas.

"Nos surpreendemos pela demanda. Já tivemos que encomendar um lote seis vezes maior", disse o fotógrafo Danuel Blignaut.

No começo, os fazendeiros da região de Viljoeskorron estavam envergonhados de tirar a roupa para as câmeras, mas no final já estavam adorando fazer poses para o fotógrafo.

Sul-africano se torna o centenário mais rápido do mundo

Deu na BBC. Julho de 2004.

Um sul-africano se tornou neste fim de semana o centenário mais rápido do mundo na prova de 100 metros rasos.

Philip Rabinowitz quebrou o recorde para a marca (e a idade) em um estádio de sua cidade, Cape Town, ao fazer a distância em 30,86 segundos.

Ele já havia quebrado o recorde na semana passada, mas, na tentativa anterior, o relógio eletrônico que estava sendo usado falhou por falta de energia e seu tempo não foi registrado.

Na segunda tentativa, ele repetiu o feito e o tempo foi registrado sem problemas. Ele bateu o austríaco Erwin Jaskulski, que era o detentor do recorde com 36,19 segundos.

"Me sinto muito bem agora, muito bem", disse Rabinowitz após a corrida.

"Não sei por quanto tempo vai ser assim: toda vez que corro, bato o meu próprio recorde. Estou ficando cada vez mais novo", brincou o sul-africano.

O centenário treina andando por volta 6 km por dia durante a semana e até 12 km nos fins de semana.

Concurso elege miss de 113 kg em país africano

Deu na BBC *Brasil*. Dezembro de 2004.

Um concurso no país africano de Burkina Faso elegeu nesta semana uma estudante de 113 kg como "Miss Mulher Grande" – Miss Pog Bedre no original. Amelie Sorgho, uma aluna de artes da Universidade de Ouagadougou, derrotou outras 12 candidatas e diz não ver problemas no seu peso.

"Não me preocupo nem um pouco com o meu tamanho. Talvez, às vezes, inveje meninas magras que podem vestir certas roupas, mas não acho que isso valha uma dieta infernal", afirma Sorgho. "Quero usar o meu título para informar homens e mulheres sobre os riscos de usar cremes de embranquecimento da pele", disse Sorgho.

Diferença cultural

O fato de o concurso de Burkina Faso acontecer na mesma época do Miss Mundo não é coincidência. Segundo a promotora do concurso, "a idéia é reconhecer e homenagear mulheres de formas avantajadas". Na África, muitos homens acham mulheres gordas atraentes, diferentemente da obsessão por magreza que parece ter dominado os países ocidentais.

"Mulheres magras são para brancos", afirma Issa, um eletricista de 47 anos. "Na África, se uma mulher é grande, isso mostra que o marido está cuidando bem dela."

Mas nem todos pensam assim. O estudante Alain diz preferir mulheres menos avantajadas. "Se eu tivesse uma namorada grande, ela poderia quebrar a minha *scooter*", diz o estudante.

Homem pede anulação de casamento ao descobrir que mulher é careca

Deu no *Último Segundo*. Julho de 2004.

Um professor universitário egípcio pediu à justiça para anular seu casamento ao descobrir na noite de núpcias que sua mulher era careca, publicou hoje, quarta-feira, a imprensa do Egito.

Um jornal contou que o professor, de 40 anos, denunciou sua nova esposa, formada em Comércio, de 34 anos, em uma delegacia do bairro de Halwan, acusando a mulher de má-fé por não ter revelado que seus formosos cabelos compridos não eram mais do que uma peruca.

O mais curioso é que o professor só se deu conta da calvície da mulher porque a peruca se soltou enquanto ela dormia, ao final de uma noite de amor entre os recém-casados.

Animais selvagens estão espalhando vírus semelhantes ao HIV

Deu em *O Popular*. Agosto de 2004.

Novas linhagens de vírus semelhantes ao HIV estão circulando entre animais selvagens e infectando pessoas que se alimentam deles, alertam especialistas em reportagem publicada no site da "New Scientist".

Segundo cientistas citados na reportagem, o vírus da aids passou de primatas para pessoas em pelo menos sete ocasiões diferentes na história recente, e não apenas duas como se imaginava.

Agora, pessoas em Camarões estão apresentando sintomas de infecção por HIV, mas testam negativo tanto para o vírus humano, quanto para o equivalente símio, o SIV. Isso sugere que novas linhagens de vírus similares estariam circulando, aumentando o temor de que a epidemia de aids possa se agravar ainda mais.

O alerta foi lançado durante uma reunião da Sociedade de Biologia da Preservação, na Universidade de Columbia, em Nova York.

Padre e freira são condenados por fazer sexo em público na África

Deu em *O Bedelho*. Julho de 2004.

Um padre e uma freira católicos foram condenados por um tribunal do Maláui por fazer sexo no estacionamento de um aeroporto.

Os dois foram flagrados em pleno ato sexual dentro de um carro com os vidros escurecidos estacionado no Aeroporto Internacional de Lilongwe (capital).

"Foi um espetáculo bizarro", disse o porta-voz da polícia, Delvin Maigwa, à BBC. "O público avisou a polícia depois de ter visto o carro balançando de uma forma engraçada", disse.

O sacerdote de 43 anos e a freira, de 26, foram a condenados a seis meses de prisão com trabalhos forçados, mas a pena foi suspensa.

Lágrimas

Em um tribunal lotado, os dois assumiram a culpa nas acusações de comportamento indecente em local público e conduta desordeira.

Em lágrimas, a freira disse ao juiz que lamentava seu breve lapso de consciência enquanto o padre disse que, como um homem de Deus, aceitava o fato de que Satã o havia tentado.

O juiz Arthur Mtalimanja aceitou as desculpas como elementos que minimizavam a pena, mas disse que os dois, como servidores de Deus, eram "as últimas pessoas" de quem se esperaria este tipo de comportamento.

"Portanto eu vou condená-los a seis meses de prisão com trabalhos forçados, mas vou suspender a pena porque vocês mostraram arrependimento", disse o juiz.

Mas o juiz alertou que, se eles recaírem no mesmo tipo de comportamento, podem ser condenados a 18 meses de prisão.

Líbia condena à morte 6 estrangeiros por infectar 426 crianças com HIV

Deu em *O Estado de S.Paulo*. Maio de 2004.

Bengazi, Líbia – Um tribunal líbio condenou ontem cinco enfermeiras búlgaras e um médico palestino à morte por fuzilamento sob a acusação de terem infectado deliberadamente 426 crianças com o vírus HIV, da aids, num hospital de Bengazi. A defesa apelará. No processo, os acusados, detidos em 1999, juraram inocência, dizendo que a epidemia (que, segundo Trípoli, matou 43 crianças desde 1999) começou antes que começassem a trabalhar, em 1998, no hospital. As enfermeiras disseram ter sido espancadas e torturadas sob custódia policial para confessar. Duas afirmaram ter sido estupradas.

A condenação foi considerada "injusta e absurda" pela Bulgária e "inaceitável" pelos EUA. A União Européia exigiu que o veredicto seja revertido. O bloco europeu recebeu na semana passada em Bruxelas o líder líbio Muamar Kadafi, que prometeu na ocasião uma rápida solução para o caso – um obstáculo para a integração da Líbia (que recentemente abandonou seu programa nuclear secreto) a uma parceria econômica da UE com países do Mediterrâneo.

Polícia mata membros de seita que promovia 'troca de esposas' na Nigéria

Deu em *O Estado de Minas*. Agosto de 2004.

Várias pessoas foram mortas nesta quinta-feira quando a polícia nigeriana invadiu o centro de uma seita islâmica cujos membros compartilhavam suas esposas.

Integrantes da seita Yan-Gwagwarmaya enfrentaram a polícia com revólveres e machadinhas antes de serem dominados, segundo a polícia.

Residentes da remota vila de Birnin Kebbi, no noroeste do país, fizeram reclamações contra a seita após o grupo ter tentado recrutar jovens locais e reverenciar uma escultura de uma entidade chamada de Kabah.

Parte da população islâmica local teria ficado ofendida porque Kabah também é o nome do local mais santo na cidade sagrada de Meca, na Arábia Saudita.

Talebã

Cinco policiais ficaram seriamente feridos no confronto. O líder do grupo, Sanusi Makera-Gandu, também sofreu ferimentos graves.

Elizabeth Blunt, correspondente da BBC na Nigéria, diz que esse é o mais recente de uma série de incidentes envolvendo jovens muçulmanos que formam comunidades e se recusam a reconhecer as autoridades civis ou religiosas do país.

O governo não divulgou o número total de mortos no conflito desta quarta-feira. Números de mortos e feridos em conflitos como esse são um assunto delicado na Nigéria. Segundo os correspondentes internacionais, eles são geralmente diminuídos para não inflamarem ainda mais as tensões.

Em janeiro, outra seita islâmica, chamada Talebã, atacou estações de polícia e residências de policiais no nordeste do país.

Marido usa mulher morta como isca para matar leão

Deu na BBC. Junho de 2004.

Um marido que encontrou a metade do corpo de sua esposa comido por um leão, na Tanzânia, usou os restos da mulher como isca para atrair o animal novamente.

Ao se deparar com o corpo de Somoe Abdallah, o tanzaniano Selemani Ngogwechile envenenou calmamente o cadáver sabendo que o leão voltaria para o resto de sua "refeição".

O plano funcionou, mas a polícia local disse que vai utilizar métodos mais ortodoxos para exterminar os leões que estão aterrorizando as vilas na região de Lindi.

Simon Dau, chefe da polícia local, disse à BBC que "alguns" leões ainda estão circulando na área.

Depois de matar Somoe perto de sua casa e comer suas pernas, o leão deve ter ido beber água, afirmou Dau.

Foi neste momento que o marido encontrou o cadáver escondido em uns arbustos.

Mas, ao invés de entrar em pânico, ele pôs veneno no corpo e esperou dentro de sua casa, antes de informar as autoridades.

América Latina

Cubanos tentam fugir do país em "carro-balsa"

Deu na *France Presse*. Fevereiro de 2004.

Depois de tentar em vão chegar à costa dos Estados Unidos a bordo de um caminhão transformado em um barco, dois cubanos estão tentando novamente fugir, dessa vez a bordo de um velho Buick 1959, modificado para poder navegar, segundo matéria do jornal *The Miami Herald*.

Marciel Basanta López e Luis Gras Rodríguez ficaram internacionalmente famosos em julho passado quando adaptaram um caminhão Chevrolet 1951 transformando-o em um barco, com o qual empreenderam a travessia do estreito da Flórida, que separa as costas de Cuba e dos Estados Unidos.

Detidos então pela guarda costeira americana e repatriados, os dois resolveram tentar mais uma vez e deixaram Cuba a bordo do Buick na noite de segunda-feira (2), segundo familiares residentes na Flórida e citados pelo jornal.

Imagens do "Buick-balsa" em meio ao mar foram difundidas pelas emissoras locais e reproduzidas pelo jornal. Os dois cubanos estariam acompanhados por outras nove pessoas, entre mulheres e crianças.

Procurada pela agência de notícias France Presse, a guarda costeira americana não quis comentar o caso.

Presidente do Equador ganhou Viagra de Natal da mulher

Deu no *Último Segundo*. Julho de 2004.

Quito – O presidente do Equador, Lucio Gutiérrez, recebeu um presente insólito no último Natal: uma caixa de Viagra, o remédio contra disfunção erétil mais famoso do mundo. O mimo não foi brincadeirinha de alguém ressentido com a política econômica, e sim da própria primeira-dama.

"Há um ano, no Natal, eu dei ao meu marido uma linda caixa de presente, e havia Viagra", disse em tom jocoso a primeira-dama Ximena Bohórquez, no programa cômico La Kombi, emitido na noite de segunda-feira pela emissora privada Teleamazonas.

Bohórquez, que antes contou piadas sobre o marido, uma prática muito comum entre os equatorianos, não contou qual foi a reação de Gutiérrez, um ex-militar de 47 anos, diante do presente.

A primeira-dama, que também é deputada, lhe deu também o poema "Gosto Quando Calas", do chileno Pablo Neruda, do qual extraiu as duas primeiras linhas: "Gosto quando calas, porque está como ausente, e me ouves ao longe e minha voz não te toca."

Líder usa rádio para demitir funcionários

Deu en *O Estado de S.Paulo*. Fevereiro de 2001.

Tudo foi feito para parecer uma grande surpresa. O presidente Hugo Chávez escolheu seu programa de rádio de todos os domingos – o Alô Presidente – para anunciar o início da "revolução cultural" à chinesa na Venezuela. O comentário do presidente sobre a necessidade de mudança de costumes transformou-se, no programa do último domingo de janeiro, em autêntica "chacina de órgãos culturais", repetindo a expressão de intelectuais do país.

Em pleno programa, o presidente chamou o vice-ministro da Cultura, Manuel Espinoza, para trazer a lista dos novos ocupantes dos cargos. E, de repente, diretores de museus, institutos públicos de cultura, escolas de arte, editoras universitárias, corpos de baile e orquestra sinfônica estavam demitidos. Chávez não definiu bem o que seria a "revolução cultural". Disse apenas que os ocupantes dos cargos "não estavam em sintonia com o processo revolucionário bolivariano e se dedicavam à cultura elitista e não popular".

Fidel Castro ganhará bola de presidiário para sua árvore de Natal

Deu no *Último Segundo*. Dezembro de 2003.

O presidente de Cuba, Fidel Castro, será um dos 27 governantes que receberão este ano um curioso presente natalino procedente da Alemanha: a réplica de uma bola preta de presidiário para enfeitar uma árvore de Natal.

O "presente" será enviado pela divisão alemã da Sociedade Internacional para os Direitos Humanos (IGFM), que, com essa iniciativa, quer chamar a atenção sobre as violações dos direitos humanos dos presos e dissidentes políticos em 27 países, dos quais Cuba é o único latino-americano.

Em todas as cartas que acompanham as bolas, a organização deseja aos "notáveis violadores dos direitos humanos" uma "época natalina harmônica e sem sobressaltos".

"Esperamos que estas bolas levem paz e tranqüilidade ao senhor e aos seus", diz o texto.

Outros "felizardos" são Ariel Sharon (Israel), Kim Jong-Il (Coréia do Norte), Olusegun Obasanjo (Nigéria), Vladimir Putin (Rússia), Robert Mugabe (Zimbábue) e Aleksander Lukashenko (Bielorrússia).

Mafioso é capturado em clube militar da Colômbia

Deu em *O Estado de S.Paulo*. Abril de 2004.

Bogotá – O suposto chefe de um bando criminoso a serviço do narcotráfico foi preso quando se encontrava instalado em uma suíte de um clube de oficiais militares em Bogotá, informaram autoridades colombianas. Segundo o diretor da polícia judiciária, Oscar Naranjo, trata-se de Jaime Londoño – um dos chefes, ao lado de seu irmão John Jairo, da quadrilha Los Yiyos, que tem em Cali o seu centro de operações e trabalha para o cartel do Norte del Valle, atualmente o mais importante bando de narcotráfico do país.

O insólito caso de um suposto chefe de bando criminoso se alojar em um clube militar veio à tona em meio a uma série de escândalos de corrupção que afetam algumas unidades da força pública.

O mafioso "se instalou nas dependências do clube nesta semana, usando uma senha e uma cédula de identidade, ambas falsas, graças à ajuda de um suboficial reformado da Marinha nacional", informou Naranjo por telefone. Ao ser detido, Jaime tinha em seu poder dois revólveres, 13 telefones celulares, o equivalente a US$ 8.900 e dois veículos à sua disposição.

Criança de 4 anos é presa e levada a julgamento no Chile

Deu no *JB Online*. Maio de 2003.

Uma menina chilena de apenas 4 anos foi detida pela polícia, trancada numa cela e, quando colocada em liberdade, convocada para responder num tribunal à acusação de "ocupação de terrenos" na cidade de Valdívia, sul do país.

Tudo isso aconteceu com Keomara A.P.O., que, segundo sua mãe, desde então sofre um "trauma nervoso" por "excesso de zelo" por parte dos funcionários do Estado, segundo reconheceram as autoridades.

A menina foi detida junto com sua mãe, Paola Oyarzo, e com outras seis pessoas que faziam parte de um grupo que no fim de semana passado ocupou um terreno baldio.

A polícia considerou a menor como uma das ocupantes, por isso ela foi incluída na citação para se apresentar no tribunal.

Em declarações à imprensa de Valdívia, os detidos denunciaram que foram agredidos pelos policiais, que os expulsaram do lugar ocupado. Além disso, a mãe da menina assegurou que, na delegacia, os funcionários se negaram a entregar a criança a seu pai, que não tinha sido detido e que chegou a ir buscá-la.

Assim, a menina passou sete horas presa numa cela, o que lhe causou, segundo sua mãe, "um trauma nervoso". "Desde então não consegue dormir, dá saltos em sua cama", disse Paola Oyarzo ao El Diario Austral, de Valdívia.

Fiéis mexicanos fazem protesto pela volta do 'padre Pistolas'

Deu na BBC. Novembro de 2004.

Fiéis católicos da cidade de Chucandiro passaram correntes na porta da igreja da cidade em protesto contra o afastamento do padre Alfredo Gallegos, conhecido como "padre Pistolas".

"Fechamos a igreja com correntes, e ela vai permanecer assim até a volta do padre Alfredo", disse Gilberto Morón, que participou ao lado de centenas de outros mexicanos de uma manifestação de apoio ao religioso em frente à catedral da cidade de Morelia. O clérigo mexicano ganhou o seu curioso apelido por sua predileção por botas de cowboy e música country e, principalmente, por carregar uma pistola reluzente por baixo da batina.

Funerária lança o primeiro cemitério virtual do Peru

Deu no UOL. Fevereiro de 2003.

Uma empresa funerária peruana lançou o primeiro cemitério virtual do país para que os internautas possam visitar ou recordar através de qualquer computador no mundo seus entes queridos, informou a imprensa local hoje.

O site do cemitério é www.ventanadelrecuerdo.com e conta até o momento com 70 lápides virtuais, segundo o jornal El Comercio.

Ao acessar o "cemitério", o visitante encontrará uma lista em ordem alfabética com os nomes dos falecidos registrados e um ícone para a página de sua lápide virtual, contendo obituário, fotografia e recordações do finado.

O custo para que o falecido descanse em paz virtualmente é de US$ 120 por um período de três anos.

O site também oferece salas de bate-papo para os usuários, além do acesso a vários serviços funerários e orações em diversos idiomas e religiões.

Bandidos argentinos seqüestram cadáver e exigem resgate

Deu no *Último Segundo*. Janeiro de 2004.

Um grupo de bandidos roubou um cadáver do cemitério da cidade argentina de Gualeguay e pediu o pagamento de resgate aos familiares para devolver o corpo, informa nesta quinta-feira a imprensa da região.

O insólito seqüestro ocorreu na madrugada de ontem, quarta-feira, mas só foi denunciado horas mais tarde pelos empregados do cemitério de Gualeguay, 250 km ao norte de Buenos Aires, segundo o jornal *O Diário do Paraná*.

Logo após os ladrões terem ligado para a família do morto exigindo dinheiro para devolvê-lo, a polícia acabou encontrando o cadáver enterrado em um terreno baldio ao lado do cemitério.

Os coveiros denunciaram que dois caixões de um mausoléu de uma conhecida família da cidade haviam sido violados, mas que faltava apenas a caixa metálica selada que continha o cadáver de um homem.

Em seguida, os restos mortais encontrados pelos policiais foram reconhecidos pelos funcionários no necrotério do cemitério.

Padeiros de Monterrey fazem a maior rosca do mundo

Deu no *Último Segundo*. Janeiro de 2003.

Padeiros de Monterrey (norte do México) bateram hoje, domingo, o insólito recorde Guinness da maior rosca de Reis Magos do mundo, que mediu 3,4 km de comprimento.

O prefeito da cidade, Felipe de Jesús Cantú, informou que o tamanho da rosca, que não tinha a forma redonda e sim alongada por ser mais fácil de medir e confeccionar, foi certificado pelo Colégio de Notários do estado de Nuevo León.

A rosca pesou mais de 4 toneladas e em sua fabricação utilizaram 18.000 ovos, 2.800 quilos de farinha, 500 quilos de manteiga, 500 quilos de banha vegetal e 800 quilos de açúcar, entre outros ingredientes.

Em sua elaboração participaram trinta padeiros que trabalharam 3.600 horas, precisou Cantú.

A rosca é um doce típico com o qual os mexicanos comemoram a chegada dos reis magos a Belém, é redonda, leva doce em cima e vários bonecos que simulam o menino Jesus em seu interior.

O prefeito de Monterrey disse que a rosca contém 12.000 desses bonecos.

Além disso, a rosca gigante contém 2.000 fichas que serão trocadas por presentes para as crianças.

O prefeito destacou que um grupo de empresas privadas doou os ingredientes para a elaboração do doce e sua fabricação esteve a cargo da Câmara da Indústria do Pão.

Vinho "El Divino 10" aumenta vendas

Deu em *O Estado de S.Paulo*. Abril de 2004.

Buenos Aires – A doença de Maradona provocou um aumento nas vendas de vinho.

A insólita notícia originou-se no Chile, onde o vinho "El Divino 10" registrou um insólito aumento em suas vendas desde o domingo, dia em que o ex-astro foi internado em um hospital em Buenos Aires.

"El Divino 10" é um caubernet sauvignon do vale de Maipo, no Chile. O vinho é uma homenagem à Maradona, chamando carinhosamente de "El Diez" (O Dez) por seus fãs, em alusão ao número que ostentava na camiseta quando estava na seleção.

O preço da garrafa desse vinho, lançado há dois anos, na época da Copa do Mundo realizada na Coréia e Japão, é de US$ 8,00. A média mensal de vendas é de 100 unidades. No entanto, nas primeiras 24 horas após o internamento de Maradona, foram vendidas mais de 500 garrafas de "El Divino 10".

Se o ritmo de vendas continuar similar, em poucos dias estaria esgotado o estoque de 8 mil garrafas de "El Divino 10".

Segundo o produtor do vinho, Eduardo Arévalo, quem costuma comprar essas garrafas "é mais por curiosidade e desejo de guardá-las como material de coleção ou para dar de presente. Não é tanto pelo desejo de bebê-lo".

Jantar vira sentença

Deu no *Jornal do Brasil*. Fevereiro de 2004.

Santiago do Chile – Um chileno processado por atos de violência familiar recebeu uma condenação diferente por parte de uma juíza da cidade de Arica, a 2 mil km de Santiago. Ele deverá ir a um jantar com sua mulher, vítima das agressões, durante o qual terá de manter um comportamento romântico. Se não o fizer, vai cumprir pena na prisão.

A sentença prima pelos detalhes. Além de ser obrigado a se comportar como um cavalheiro, o condenado não poderá beber uma só gota de álcool durante a refeição. Ou seja: luz de velas pode, mas vinho não.

A fiscalização do cumprimento da determinação judicial ficará a cargo de um terceiro personagem do jantar romântico: um carabineiro (policial militar), que foi destacado para vigiar as boas maneiras do marido à mesa e com a mulher.

A decisão, considerada insólita pela imprensa local, foi tomada pela juíza Carolina Araya contra o operário Armando Leiva González, de 30 anos. No dia 13 de dezembro, Armando foi levado à Justiça por ter batido em sua mulher enquanto estava embriagado. A mulher, de 29 anos, sofreu uma contusão em um dos olhos, além de lesões na coxa direita e cortes no couro cabeludo.

Durante o julgamento a que foi submetido no último dia 18, Leiva González pediu desculpas públicas a sua mulher e, de joelhos, prometeu não voltar a beber nem a agredi-la. Além disso, convidou-a para jantar, o que foi aceito pela juíza, que, de imediato, marcou o encontro para 5 de março em um restaurante de Arica.

Jovem argentina simula ser prostituta para conhecer jornalista

Deu em *O Estado de S.Paulo*. Julho de 2004.

Buenos Aires – Ela foi a protagonista de um programa de televisão que se propunha a mostrar uma dolorosa realidade: a prostituição de menores. Sua história comoveu a todos os espectadores argentinos, mas seu desfecho foi inacreditável.

Dias depois de se mostrar às câmaras, Carina Marisa Cirica confessou que não é menor e muito menos prostituta: tem 27 anos e fingiu viver do sexo apenas para conhecer o jornalista e ator Gastón Paulo, de quem está "profundamente apaixonada".

"Quero dizer a todos que não trabalho nas ruas, que não tenho filhos e que não tenho a idade que disse ter... Não quero causar danos a ninguém", disse Cirica em uma entrevista a uma emissora de rádio de Mendoza, de onde é originária.

Perguntada sobre o motivo da mentira, respondeu prontamente: "Para conhecer pessoalmente Gastón Paulo".

Foi uma dura revelação para Paulo, cujo programa, "Ser urbano", procura revelar a cruel realidade das ruas, mas que neste caso acabou como farsa.

Termina na Nicarágua julgamento por tentativa de roubo de um galo

Deu no *Último Segundo*. Novembro de 2003.

O insólito julgamento de cinco meses pela tentativa de roubo de um galo, processo que custou ao Estado da Nicarágua 500 vezes o valor da ave, terminou depois de declarar-se "não ofendido" o dono do animal, que além disso já o tinha comido.

A imprensa local informou hoje, sábado, que a juíza Rosario Altamirano deu por encerrado o caso, após convocar um jurado de consciência, levado ante Antonio Rodríguez, de 19 anos, sob a acusação de "roubo frustrado".

Em maio passado, Rodríguez escalou o muro que divide sua casa com a do vizinho, Carlos Blandón, e agarrou um galo de briga, avaliado em 200 córdobas (13 dólares), mas foi descoberto pelo dono, por isso fugiu do lugar depois de soltar a ave.

Blandón denunciou a seu vizinho para a Polícia, intervindo depois a Procuradoria, que decidiu levar o caso a julgamento penal desde junho passado.

Mas Blandón atrasou por meses o processo por negar-se a comparecer como ofendido, até que lhe advertiram que seria levado pela polícia.

Os jurados convocados ontem pela juíza Altamirano não tiveram o que julgar, porque Blandón afirmou não se sentir ofendido pela tentativa de roubo do galo, e sem parte ofendida não há julgamento.

Altamirano se empenhou em realizar o julgamento até o final, apesar de a Procuradoria também não contar com "a prova do delito", porque o dono da ave a comeu enquanto transcorriam os trâmites judiciais.

Chileno com hérnia inguinal gigante é operado com sucesso

Deu no *Último Segundo*. Maio de 2003.

Especialistas do Hospital Clínico da Universidade do Chile operaram hoje, terça-feira, com êxito um chileno que sofria com uma hérnia inguinal gigante que chegava aos tornozelos.

"Depois de seis horas de cirurgia, podemos dizer que o paciente se recupera favoravelmente", informou o médico Ronald de la Cuadra, que coordenou a equipe multidisciplinar que operou Víctor Jaime Santibáñez, de 52 anos. O paciente estava prostrado há cerca de um ano e oito meses por causa dessa hérnia.

O caso foi qualificado como "inédito" no Chile, pois a hérnia se deslocou para partes do intestino delgado, do colón, da bexiga e dos ureteres, além de ter afetado os genitais do doente.

"Realmente este é um caso único, não só porque nos meus anos de medicina jamais vi uma hérnia deste tipo, mas pela situação do paciente, cuja vida até agora era insuportável", disse De La Quadra.

Segundo o médico, Víctor Jaime Santibáñez, que permaneceu recluso durante anos fugindo do olhar curioso das pessoas, deve ficar com alguma seqüela.

"Geralmente este tipo de cirurgia dá problemas, mas esperamos que sejam menores do que o que ele tinha", acrescentou o cirurgião, que disse que Santibánez permanecerá internado no hospital por pelo menos cinco dias.

Horas antes de ser operado, Santibáñez disse ao jornal Las Ultimas Noticias que a sua auto-estima estava no chão.

"Quando alguém fala de hérnia inguinal ninguém imagina algo tão impressionante como isto", disse o paciente que sofria ainda de uma aguda depressão que o fez engordar e pesar mais de 130 kg.

Agricultor cubano colhe abóbora de 28 kg

Deu no *Último Segundo*. Fevereiro de 2004.

O agricultor cubano Pedro Joya colheu hoje, quarta-feira, em sua granja na província de Matanzas, uma abóbora de 28 kg, informou a imprensa local.

Aos 62 anos, Joya ficou surpreso ao encontrar o exemplar gigante de abóbora na granja "La Perla", no povoado de Santa Ana, em Matanzas, a cerca de 100 km da capital cubana.

Esse foi "um curioso tesouro para meu caudal de experiências", disse Joya, que tem o costume de trabalhar sem sapatos, esteja a terra seca, molhada, fria ou quente, informa uma nota da agência oficial cubana Imprensa Latina.

Esquilos assustam cascavéis com calor

Deu no *Jornal do Brasil*. Junho de 2004.

Oaxaca (México) – Ao perceber que serão alvo do ataque de uma cascavel, esquilos se defendem com um sinal de calor emitido pela cauda e percebido pelo réptil com sensores de infravermelho. A curiosa estratégia foi revelada no 41° Encontro da Sociedade de Comportamento Animal, no México.

Como explica Aaron Rundus, da Universidade da Califórnia, esta é a primeira vez que se sabe de um animal que envia sinais por radiação infravermelha.

A cascavel é uma ameaça constante aos esquilos e encontra suas presas a partir de sensores de infravermelho localizados em sua cabeça. O roedor utiliza a sensibilidade da cobra para enviar uma mensagem de contra-ataque que o réptil entenda e que pode ser comparada ao rosnar de outros animais.

Quando pressente o bote, o roedor ainda agita sua cauda e chuta areia do chão, de forma a afrontar seu predador.

A pesquisa foi feita com esquilos presos na mesma gaiola que uma cascavel. Rundus diz que as ações foram filmadas com uma câmera que captava radiação infravermelha.

Também é interessante que na proximidade de outros tipos de cobra, que não têm sensibilidade de infravermelho, os esquilos não usem a estratégia, o que prova que o animalzinho reconhece os diferentes tipos de predadores e reage de acordo com cada um.

América do Norte

Nasa quer converter fezes de astronautas em energia

Deu na *Folha Online*. Maio de 2004.

Cientistas da Nasa (agência espacial norte-americana) estão trabalhando em um protótipo de célula de combustível à base de bactérias capazes de transformar fezes em eletricidade.

A intenção dos pesquisadores é dar utilidade aos resíduos produzidos por astronautas, entre eles as fezes, em longas viagens espaciais.

Chamada Geobacter metallidreducens, a bactéria pertence a uma família de micróbios que vivem em lugares pobres em oxigênio e ricos em ferro, podendo deslocar elétrons deste metal.

A idéia é desenvolver um dispositivo que converta diretamente energia química em elétrica, com a vantagem de processar os dejetos.

Segundo o pesquisador Bruce Rittmann, a célula de combustível está sendo testada, mas precisa de "uma configuração muito eficiente e compacta" devido à falta de espaço em uma nave.

De acordo com a Nasa, em uma possível viagem a Marte, com duração estimada de dois anos, seis tripulantes produziriam mais de seis toneladas de resíduos sólidos orgânicos.

Terceiro homem da CIA recusa cargo após escândalo de furto de bacon em loja

Deu na *Folha Online*. Outubro de 2004.

Um dos membros da CIA [inteligência dos EUA], que seria designado como diretor-executivo da inteligência, Michael Kostiw, renunciou ao cargo após vir a público seu suposto envolvimento em um furto em 1981, segundo informações publicadas no jornal norte-americano The Washington Post.

Toda polêmica teve início do último domingo (3) quando o Washington Post publicou uma matéria dizendo que, em 1981, Kostiw foi pego furtando um pacote de bacon no valor de US$ 2,13 [R$ 6, aproximadamente] em um supermercado – à época ele já trabalhava para a CIA.

Kostiw, que continuará trabalhando como assessor na CIA, disse ter recusado o cargo de chefia para evitar "especulações". O cargo de diretor-executivo é considerado o terceiro mais importante dentro da inteligência.

Na verdade, ao designar Kostiw para o cargo de diretor-executivo, Porter Goss, novo diretor-geral da CIA [que substituiu George Tenet], não sabia que a história do delito causaria tanto mal-estar à cúpula da inteligência.

Segundo o jornal, Kostiw teve o delito retirado de seus registros em troca da renúncia ao cargo de diretor-executivo.

E-mails sobre armas nucleares podem ter vazado

Deu no *IDG Now!* Julho de 2004.

Oficiais do Laboratório Nacional Los Alamos, nos Estados Unidos, confirmaram que vários e-mails com dados sigilosos sobre armas nucleares foram enviados por um sistema inseguro de e-mail. Essa circulação poderia dar chance a vazamento de informações.

A revelação veio menos de duas semanas depois do laboratório anunciar que dois discos removíveis com informações sobre armas nucleares desapareceram de suas instalações. Esta é a terceira vez desde o ano 2000 que discos de armazenamento com informações confidenciais desaparecem na base.

Em relação ao último incidente, o porta-voz do laboratório, Kevin Roark, declarou na segunda-feira que a organização descobriu recentemente outros casos de informações sigilosas circulando por um sistema inseguro de e-mails.

"Sim, tivemos ocorrências recentes. Tivemos no passado e podemos antecipar que teremos no futuro", destacou Roark.

O porta-voz se recusou a comentar quantos e-mails sigilosos circularam pelo sistema incorreto, mas afirmou que foi um "pequeno número".

Cego não pode continuar curso por não ter cachorro bilíngüe

Deu no UOL. Julho de 2004.

Montreal, Canadá – O cego Yvan Tessier não poderá continuar um curso de inglês na Universidade de Nova Brunswick, costa leste do Canadá, porque instrui o seu cão-guia com palavras em francês, informou nesta terça-feira a imprensa local.

Tessier terá que abandonar o curso porque se negou a assinar um formulário no qual a cidade de Fredericton considera expressamente que ele deve se comunicar com seu cão em inglês, sem exceções, sob pena de ser rejeitado sem direito a reembolso, segundo um jornal de Montreal.

Caso a universidade não o aceite, Tessier pode apresentar uma ação por discriminação.

Em uma carta à universidade, Eric Saint-Pierre, presidente-fundador da Mira, empresa que adestra cães para cegos, explica que o animal obedece às ordens apenas em francês e que não poderia ser bilíngüe.

Os meios de comunicação informaram que a Universidade de Nova Brunswick tentou transferir Yvan Tessier para outra instituição, a de Dalhousie, em Halifax (Nova Escócia).

Cachorro salva dona após telefonar para a emergência

Deu na *Folha Online*. Outubro de 2004.

Um cachorro salvou a sua dona ao telefonar para o 911, o número do serviço de emergência dos EUA.

Faith, uma rottweiler de quatro anos, chamou socorro depois que Leana Beasley, 45, que sofre de epilepsia, teve um ataque.

De acordo com os atendentes do serviço, a cachorra ficou latindo insistentemente ao lado do telefone até que a localização da casa fosse identificada. O policial que atendeu ao chamado disse que Faith o esperava na porta quando ele chegou e o levou até sua dona, que estava desacordada.

Beasley disse que a cadela foi treinada para ajudá-la e que em momentos de perigo sabe como usar a tecla de acesso rápido ao 911 de seu telefone. Com o faro, Faith detecta mudanças na química do corpo de sua dona e é treinada para dar o alerta antes que os ataques epiléticos aconteçam.

Mulher entra no crime para salvar gato

Deu no *Jornal de Brasília*. Abril de 2004.

Catherine Kaczanowski, moradora do bairro nova-iorquino do Brooklyn, nos Estados Unidos, começou aos 44 anos a assaltar bancos por um motivo inusitado: ela queria dinheiro para financiar uma operação de seu gato Smoochie, que tinha um tumor no cérebro.

Depois de conseguir, no primeiro assalto, os US$ 2 mil (cerca de R$ 6 mil) de que precisava para salvar o felino, Catherine, que vivia do dinheiro da assistência social, se empolgou e decidiu continuar na carreira criminosa.

Depois de assaltar quatro bancos, todos eles na décima oitava avenida do Brooklyn, e conseguir um total de US$ 7,5 mil (cerca de R$ 22,5 mil), a mulher foi presa nesta semana.

O gato Smoochie, já recuperado da operação, acabou sendo entregue a uma amiga da assaltante. Catherine, agora, terá de responder por quatro acusações diferentes de assalto.

Gordinhos fazem sucesso em Portland, mostra pesquisa de site

Deu no *Último Segundo*. Dezembro de 2003.

São Francisco – Você é gordinho e está procurando alguém para amar? Um bom destino pode ser a cidade de Portland, onde, mais do que em qualquer outro lugar dos Estados Unidos, há homens e mulheres que preferem sair com alguém agraciado com "alguns quilinhos a mais".

Miami e San Diego, por outro lado, deveriam ser evitadas. Os moradores dessas cidades preferem os esbeltos.

É o que mostram, ao menos, os dados recolhidos no site de encontros amorosos Match.com (http://match.com), que possui o cadastro de 12 milhões de pessoas.

A análise dos dados é um subproduto curioso desse serviço de encontros amorosos, cujos membros respondem perguntas sobre vários temas, desde o peso e o tipo de corpo do parceiro preferido até suas opiniões sobre o consumo de álcool, astrologia, educação e tatuagem.

Com esse material em mãos, é possível chegar a alguns resultados surpreendentes. Homens e mulheres com cabelo ruivo, por exemplo, são mais procurados em Austin (Texas) e menos procurados em Miami, segundo os números.

Os homens de Denver preferem mulheres com cabelo comprido. Os de Miami e de Houston não gostam muito dos cabelos compridos. Homens com longas madeixas são considerados atraentes por mulheres de Denver, mas não pelas de Chicago.

São Francisco possui a distinção de ser uma cidade exigente quanto ao nível de escolaridade. Quando questionados sobre o nível de educação considerado ideal em um parceiro, mais homens e mulheres de São Francisco do que de outros lugares disseram procurar um PhD.

E se alguém sentir estar perdendo oportunidades por faltar-lhe altura, deve se mudar para o Texas, onde mulheres responderam, em números excepcionalmente altos, que estão dispostas a ter parceiros com 1,67 metro de altura ou menos.

Ainda, segundo os dados, a mulher ideal para os norte-americanos seria alguém charmosa, disposta a ter novas emoções, com um corpo médio, cabelo castanho claro e comprido, com formação superior, que não fume, que beba socialmente e que aprecie demonstrações públicas de afeto.

As mulheres parecem buscar algo parecido: um homem charmoso, que não fume, que beba socialmente, com cabelo escuro, um corpo médio e formação superior. E que goste de dançar.

Justiça americana proíbe preso de manter cabelo comprido

Deu na *Folha Online*. Maio de 2003.

Philip Henderson, um índio americano preso na Califórnia, perdeu nos tribunais o direito a ter cabelo comprido, algo que suas tradições consideram sagrado. Um tribunal de Apelações do estado determinou, nesta quinta-feira, que as autoridades carcerárias podem cortar o cabelo de todos os reclusos.

Henderson havia apresentado uma ação para impedir que cortassem seu cabelo, argumentando que as autoridades carcerárias estariam violando seu direito constitucional à liberdade religiosa. Em sua demanda, Henderson descreveu seu cabelo como "uma manifestação externa do compromisso de cada pessoa com o Caminho Espiritual e sua conexão com o Criador".

O indígena acrescentou que suas crenças religiosas lhe permitem o corte de cabelo apenas em situações especiais, como em sinal de luto, e que, em outras circunstâncias, seria uma espécie de profanação. Mas os três magistrados do tribunal de Apelações apoiaram os regulamentos penitenciários, impostos em outubro de 1997, com relação ao corte de cabelo dos presos.

Últimas refeições de condenados à morte vira livro de receita

Deu na *Folha Online*. Fevereiro de 2004.

"Arroz Rigor Mortis" e "Sopa de Batatas Post-Mortem". Esses pratos macabros estão entre as receitas que integram o livro "Meals to Die For" (algo como "Refeições de Matar"), do americano Brian Price, mais recente prova do interesse mórbido que as últimas refeições dos condenados à morte desperta nos Estados Unidos.

Em 14 dos 15 anos em que cumpriu pena na prisão de Huntville, Texas (sul), Price trabalhou como cozinheiro. Entre 1982 e 2003 foram executados no estado 313 condenados à morte, o número mais alto do país.

Durante sua permanência atrás das grades, este texano de San Antonio preparou duzentas últimas refeições, resumidas nas 40 receitas do livro, que será publicado no final do mês nos Estados Unidos (alguns trechos podem ser conferidos no site www.mealstodiefor.com).

Segundo ele, pouco antes de morrer, a maioria dos condenados prefere comer o que se chama de "comfort food", um conceito que remete mais à comida caseira que ao caviar e outras iguarias.

"Um homem me pediu feijões brancos", contou Price à France Presse, "algo que provavelmente a mãe dele preparava quando era pequeno, de que realmente gostava e que o levava de volta a um tempo e um lugar especiais".

"Uma hora e meia antes de deixar este mundo, foi transportado para o passado através dessa comida simples", continuou Price.

O regulamento limita muito as possibilidades culinárias: álcool e cigarros são proibidos, as famílias dos condenados não podem levar comida e o cardápio deve se limitar aos itens disponíveis no restaurante da prisão.

"Raramente é servido exatamente o que pedem", afirmou. "Se querem camarões ou lagosta, o mais próximo que temos é um filé de peixe", explicou.

Cheeseburger com batatas fritas tem sido o prato mais pedido. Uma das histórias mais curiosas é a de um mexicano que pediu 24 tacos e teve que se conformar com seis porque não havia mais na dispensa.

Apesar de tudo, Price lembra com carinho de um homem que pediu ao sacerdote que o cumprimentasse pela excelente refeição; e do primeiro condenado para quem cozinhou, que antes de cruzar o corredor teve tempo de escrever um bilhete para agradecer a deliciosa vitela.

Usuários de banda larga são viciados na web

Deu no IDG *Now!* Julho de 2004.

Uma recente pesquisa da empresa 2Wire mostrou que o acesso rápido à internet tem ganhado espaço na vida dos norte-americanos e, muitas vezes, mudado seus hábitos de vida.

No levantamento, que entrevistou 400 usuários de banda larga, 24% responderam que evitariam viagens em que não pudessem acessar a web em alta velocidade. Cerca de 56% responderam que checam e-mails durante as viagens.

Do total, 55% declararam que verificar o correio eletrônico é a tarefa matinal mais importante, à frente do café da manhã e da leitura do jornal.

A pesquisa mostrou também que dois terços dos entrevistados (cerca de 69%) estariam mais interessados em trabalhar de casa neste verão se conseguissem uma conexão wireless em que pudessem trabalhar de seus próprios quintais.

Reações diversas

A falta de acesso rápido também provoca reações diversas nos usuários. Cerca de 60% dos entrevistados afirmaram ter agitação quando a internet fica indisponível por um período prolongado, e 33% declararam ficar chateados. Apenas 2% declararam sentir maior liberdade com a falta de acesso.

A pesquisa mostrou também que 61% dos entrevistados afirmaram precisar mais da internet agora do que um ano atrás.

Praticante de ioga peladão pode virar atração turística em São Francisco

Deu no UOL. Setembro de 2004.

Por que se exercitar em uma sala se ao ar livre é muito mais divertido?

Um homem que se dedica a praticar ioga peladão em algumas das regiões mais movimentadas de São Francisco (EUA) está a caminho de se tornar, com o aval das autoridades, uma atração turística local.

George Monty Davis, o ioguim em questão, cultiva esse hábito há vários meses. Nem o fato de alguns turistas o processarem por atentado ao pudor conseguiu desmotivá-lo.

Para desgosto dos mais carolas, a procuradoria de São Francisco decidiu que as leis locais não proíbem a nudez pública e, portanto, nada impede que o ioguim peladão continue incomodando (ou entretendo, sabe-se lá) os turistas.

A notícia chegou um dia depois de a Comissão Federal de Comunicações multar em 550.000 dólares a rede de televisão CBS por exibir o famoso seio de Janet Jackson, mas parece que em São Francisco as coisas são diferentes. Ou seja: uma coisa é uma coisa, outra coisa é outra coisa.

Casal faz greve porque filhos não ajudam nas tarefas domésticas

Deu no *Último Segundo*. Dezembro de 2004.

Um casal do estado da Flórida completou hoje, segunda-feira, uma semana dormindo no jardim de sua casa em protesto contra seus filhos adolescentes que não querem ajudar nas tarefas domésticas.

Harlan e Cat Barnard dormem numa barraca de camping desde o último dia 6 no jardim de sua casa, na cidade de Deltona, ao lado de dois cartazes onde se lia "Pais em greve" e "Pedimos cooperação e respeito".

O insólito protesto, divulgado pelos principais jornais e vários canais de televisão dos Estados Unidos, começou quando Barnard, de 45 anos, se submeteu a uma cirurgia bucal e pediu a seus filhos, Benjamin, de 17 anos, e Kit, de 12, que cortassem a grama.

Os adolescentes se negaram e seus pais decidiram entrar em greve até que seus filhos mudem de atitude, por isso só entram a casa para tomar banho.

"Já tentamos de tudo, desde a psicologia até cortar a mesada deles", disse Barnard à imprensa local.

Mas o protesto parece estar dando resultados, pois Kit tomou a iniciativa de lavar os pratos e limpar seu quarto, segundo a mulher.

Ex-presidente George Bush visita atletas e se confunde ao falar de Sócrates

Deu no *Globo.com*. Agosto de 2004.

O ex-presidente dos EUA George Bush visitou os atletas americanos em Atenas nesta sexta-feira. Chefiando uma delegação presidencial enviada por seu filho, George W. Bush, ele visitou o centro de treinamento do time olímpico americano com sua esposa Barbara e as filhas do atual presidente, Jenna e Barbara.

"Eu sei uma coisa ou outra sobre vitórias e infelizmente, como vocês sabem, também sei algo sobre derrotas. E vencer é muito mais divertido, podem acreditar" – Bush, que foi derrotado nas eleições presidenciais dos EUA em 1992 por Bill Clinton, disse aos atletas.

"Mas no fim das contas, o mais importante é conseguir olhar para trás com segurança e satisfação, sabendo que você se esforçou ao máximo, e fez tudo com honra."

Um grupo de seguranças protegeu a delegação presidencial durante a visita às instalações dos primeiros Jogos desde os atentados terroristas de 11 de setembro de 2001 nos Estados Unidos. Num discurso bem humorado, Bush disse que não queria ficar distribuindo conselhos, ainda mais na Grécia.

"Sócrates, o grande filósofo grego, costumava andar por aí distribuindo conselhos. E envenenaram ele" – brincou, aparentemente sem saber que o próprio Sócrates se envenenou com cicuta.

Powell rebola ao som de Village People na Indonésia

Deu no *Jornal do Commercio*. Julho de 2004.

O secretário de Estado dos EUA, Colin Powell, fez uma apresentação, nesta sexta-feira, no mínimo curiosa. Vestindo capacete de proteção, igual aos utilizados por operários da construção civil, Powell dançou e rebolou com a música "YMCA", da banda norte-americana dos anos 70 Village People, após o término de um encontro sobre segurança ocorrido em Jacarta (Indonésia).

Powell dançou fantasiado junto com outros cinco oficiais dos EUA para alegrar ministros das Relações Exteriores de países da Ásia, do Pacífico e da Europa.

O jantar e as apresentações, que acontecem após o fim do encontro, são tradicionais e servem para que os participantes livrem-se do peso dos assuntos de segurança abordados durante a conferência.

A delegação da Rússia, liderada pelo ministro das Relações exteriores Sergey Lavrov, cantou a versão de "Yellow Submarine", dos Beatles, enquanto uma mulher russa balançava uma bandeira ao redor das mesas de jantar.

Em 1997, Madeleine Albright [ex-secretária de Estado dos EUA] surpreendeu os ministros quando apareceu vestindo-se como Evita Perón.

Soldados lutarão durante cinco dias sem comer

Deu em *O Estado de S.Paulo*. Fevereiro de 2004.

Na preparação dos soldados do futuro, o Pentágono está pedindo aos cientistas da Darpa – Defense Advanced Research Projects Agency (Agência de Projetos de Pesquisa Avançada de Defesa), que encontrem uma forma de os soldados norte-americanos lutarem com o máximo de sua capacidade física, sem comer absolutamente nada durante cinco dias seguidos. Isso porque, em combate, geralmente eles perdem o apetite mas também a resistência.

A Darpa já tem algumas idéias para resolver o problema. Uma delas, segundo revelou um consultor de biologia, seria fazer um coquetel de nutrientes, chamado "nutracêuticos". Uma outra possibilidade seria diminuir a temperatura corporal para impedir que os soldados fiquem superaquecidos. Ou ainda aumentar o rendimento das mitocôndrias, que são os fornecedores de energia das células.

O projeto militar, batizado de Dominância Metabólica, faz parte de um programa mais amplo, cujo objetivo é tornar a tropa dos Estados Unidos imune às necessidades humanas rotineiras. Nesse sentido, a Darpa já gastou milhões na tentativa reduzir a necessidade de sono e agora está desenvolvendo meios de manter os soldados feridos lutando durante um bom tempo, sem qualquer ajuda médica.

O projeto não é bem visto pela sociedade civil. Marion Nestle, ex-diretora do departamento de nutrição da Universidade de Nova York, disse ao site do Wired News que o Dominância Metabólica é um absurdo.

"Calorias são calorias, as leis da termodinâmica continuam as mesmas e os seres humanos ainda são seres humanos. Acho que eles deveriam usar robôs."

"Saddam capturado" é lançado a tempo para o Natal

Deu no *Terra*. Dezembro de 2003.

Os empresários parecem ter bom senso de oportunidade ou ter acesso a informações privilegiadas: apenas três dias depois da captura do ex-presidente iraquiano, bonecos de "Saddam capturado" já estão à venda no comércio norte-americano.

"Nós o pegamos", anuncia o Herobuilders.com, em alusão à declaração pronunciada no domingo pelo administrador civil no Iraque, Paul Bremer, após a captura de Saddam Hussein. "Ainda moldamos e pintamos cada um dos bonecos aqui na boa e velha América", continuou a empresa, especializada em brinquedos relacionados com política.

A linha de brinquedos da empresa inclui bonecos do filho do ex-ditador, Udai Hussein, de um musculoso George W. Bush, do terrorista Osama bin Laden, do "Aliado Britânico Falante" Tony Blair e do chanceler alemão camuflado Gerhard Schroeder.

Clubes de *strip-tease* fazem alistamento eleitoral nos EUA

Deu em O *Estado de S.Paulo*. Maio de 2004.

Beloit, EUA – Proprietários de clubes de *strip-tease* passaram a pedir aos fregueses que parem de olhar para o palco por alguns minutos, a fim de preencher formulários de alistamento eleitoral, e então votem contra o presidente George W. Bush no pleito de novembro. "Não é que no nosso ramo a gente ame John Kerry ou algo assim", disse Dave Manack, editor-associado da E.D. Publications, que faz a revista Exotic Dancer (Dançarina Exótica). "Mas se George Bush for reeleito, nosso ramo pode sofrer muito".

Temendo que os conservadores no poder desliguem a luz néon para sempre, um sindicato patronal de clubes noturnos para adultos pediu que os donos dos estabelecimentos fizessem o alistamento eleitoral de funcionários e clientes, exortando-os em seguida a votar contra Bush.

Micheal Ocello, presidente da Associação de Executivos de Clubes, disse que seu grupo crê que o estilo de conservadorismo do presidente é ruim para os negócios. Heather Layman, porta-voz do comitê nacional do partido de Bush, o Republicano, disse não saber por que o negócio de strip considera o presidente hostil, mas "tenho de admitir que donos de clubes noturnos não são um grupo que visamos" na propaganda eleitoral.

Clubes noturnos para adultos faturam US$ 15 bilhões ao ano e empregam entre 500 e 750 mil pessoas, diz Dave Manack.

Bisavó de 72 anos reforça tropas dos EUA no Iraque

Deu na BBC. Novembro de 2004.

As tropas americanas que estão no Iraque vão em breve passar a contar com um reforço inusitado: uma bisavó de 72 anos.

Lena Haddix, esposa de um militar que vive em Oklahoma, diz que se ofereceu como voluntária para servir com as Forças Armadas no país ocupado pelos Estados Unidos.

"Queria fazer alguma coisa pelo país, porque sempre fiquei de fora enquanto cuidava das crianças", disse Haddix à agência de notícias Associated Press.

Seus cinco filhos, oito netos e três bisnetos tentaram convencê-la a abandonar a idéia, mas não tiveram sucesso na empreitada.

Tecnologia levará mensagens de vídeo aos túmulos

Deu na BBC. Julho de 2004.

Se depender da idéia de um inventor norte-americano, os cemitérios do futuro serão bem mais interativos do que os de hoje em dia. Robert Barrows, de Burlingame (Estado da Califórnia, EUA), desenvolveu uma tecnologia que permite colocar equipamento de vídeo nas lápides, que serão controlados a distância.

As pessoas então poderão gravar mensagens de vídeo antes de morrer, que serão exibidas para amigos, parentes e até mesmo curiosos que estiverem andando pelos cemitérios.

Ele disse à BBC que as pessoas poderão contar um pouco de suas histórias ou deixar uma última palavra sobre um determinado assunto. Barrows também acredita que esse é um nicho lucrativo para os cemitérios.

"Você vai poder andar entre as lápides e ouvir o que as pessoas queriam dizer antes de morrer", afirmou.

Cartão de crédito

As lápides podem funcionar com fichas ou com cartão de crédito. "Os cemitérios podem basicamente cobrar pequenas taxas para alugar fones de ouvido, que serão usados para ouvir as mensagens."

Segundo ele, a comunicação via lápides é muito mais "dramática" do que deixar uma mensagem gravada para ser exibida em casa. "Imagine como será interessante você visitar túmulos e descobrir o que as pessoas tinham para dizer."

De acordo com Barrows, os equipamentos podem ser instalados em lápides e conectados à internet, permitindo que as pessoas gravem mensagens e programem a exibição dos vídeos. É possível, por exemplo, gravar um vídeo para ser exibido alguns anos depois de ter falecido.

New Hampshire quer taxar uso de e-mail e chat

Deu no *Plantão Info*. Julho de 2004.

Essa é, no mínimo, curiosa: a secretaria da fazenda de New Hampshire quer emplacar um novo imposto para os moradores do estado americano: a taxa do chat (Chat tax).

Segundo o jornal *New Hampshire Sunday News*, o estado já recebe hoje uma parcela das mensalidades dos provedores web com seu "imposto sobre serviços de comunicação", mas propõe que seja cobrada uma outra taxa pelo uso de webmail, e-mail, correio de voz, mensagens instantâneas e salas de chat, todos considerados "comunicações de duas vias". Para o órgão, conta o jornal, "é justo aplicar a lei existente em atividades que deveriam ser taxadas mas não o são".

Obviamente, a idéia da secretaria causou polêmica. Especialistas afirmam que a taxa do chat vai duplicar a cobrança de impostos pelo uso desses serviços, já que já existe aquela porcentagem sobre o uso da internet. O New Hampshire Sunday News é contra, mas acaba de certa forma defendendo a idéia ao dizer que "usar a internet para conexão com outras pessoas provavelmente custa dinheiro do estado, porque não é todo mundo que usa e-mail ou programas de mensagens instantâneas".

'Óculos da verdade': nada escapa ao olhar do Grande Irmão

Deu no *Jornal do Brasil*. Janeiro de 2004.

São Francisco (EUA) – Os óculos que contam com um minidetector de mentiras, recém-lançados por uma companhia dos Estados Unidos, poderiam se transformar no futuro em peça central para os encarregados da segurança em aeroportos e outros lugares potencialmente perigosos.

A tecnologia incorporada pelas lentes, desenvolvida em Israel e comercializada nos EUA pela empresa 'V' (de 'voz' e 'veritas', verdade em latim), consiste em um detector de mentiras que, por exemplo, seria ativado cada vez que os seguranças perguntassem ao passageiro se entre seus planos está seqüestrar o avião.

Os óculos mostrariam em seguida uma luzinha verde, amarela ou vermelha para indicar o grau de veracidade da resposta.

A 'V' apresentou esta novidade na Convenção Eletrônica de Consumo (CES) que aconteceu este mês em Las Vegas, e para alegria dos presentes analisou a voz de personagens famosos, entre eles Michael Jackson, acusado de pederastia.

Os 'óculos da verdade' analisam unicamente a voz e, segundo a companhia, os testes feitos em uma delegacia de polícia dos Estados Unidos indicam que ele é mais eficaz que o polígrafo.

O mais curioso é que esta tecnologia é supostamente capaz de detectar não só se a pessoa mente, mas, segundo seus criadores, também pode saber até que ponto o entrevistado precisa pensar antes de dar uma resposta, ou se não deseja falar a respeito.

Os criadores ainda assinalam que a utilidade da invenção ainda reside em sua capacidade de ajudar os que fazem interrogatórios a detectar rapidamente o que há de inverdade nas respostas dadas pelos viajantes.

Um dos frutos dessa idéia, que traria uma imensa satisfação para o Grande Irmão do escritor George Orwell em sua obra 1984, é um 'detector de amor' de bolso, um software que a empresa vende em seu site na internet (www.v-entertainment.com).

Esse programa analisa as ligações telefônicas e, em vez das luzinhas das lentes, inclui gráficos que mostram o quanto a pessoa que faz o telefonema ama quem está do outro lado da linha, com um grau de acerto de 96%, segundo a companhia.

Computadores poderão ser movidos a espinafre

Deu no IDG *Now!* Junho de 2004.

Computadores, laptops, celulares e outros aparelhos no futuro poderão ser alimentados por energia proveniente de plantas. É o que descobriram pesquisadores norte-americanos do Massachusetts Institute of Technology (MIT), ao produzirem células elétricas a partir de proteínas retiradas de folhas de espinafre.

O grupo de pesquisadores conseguiu a façanha isolando proteínas fotossintéticas e colocando-as entre duas camadas metálicas condutoras. A partir do momento em que o pequeno sanduíche metálico é exposto à luz, uma pequena corrente elétrica é gerada.

As proteínas utilizadas no experimento foram retiradas de cloroplastos das células formadoras das folhas de espinafre. Os cloroplastos são pequenas estruturas que ajudam a planta a converter luz em energia. Enquanto a reação ocorre, é formada uma agitação de elétrons, que resulta em corrente elétrica.

O protótipo das células elétricas, no entanto, ainda necessita de alguns ajustes. Segundo a pesquisa, o experimento foi capaz de gerar corrente por um período máximo de 21 dias.

As células também foram capazes de converter apenas 12% da luz absorvida em eletricidade. No entanto, os pesquisadores acreditam que poderão chegar a uma eficiência próxima dos 20%, o que tornaria a solução mais eficaz do que as conhecidas células de silício utilizadas para captar energia solar.

Pele humana pode transmitir dados

Deu no IDG *Now!* Junho de 2004.

A Microsoft conseguiu na terça-feira patentear um processo que utiliza o corpo humano como um condutor de energia e transmissor de dados entre equipamentos eletroeletrônicos.

A patente n. 6.754.472 descreve um método em que a pele humana é utilizada como um condutor médio por onde a energia e os dados são distribuídos a partir de eletrodos. Um ou mais equipamentos podem ser alimentados pelo sistema. Entre os aparelhos podem estar alto-falantes, monitores, relógios e teclados.

"O corpo de um ser vivo pode ser acoplado a um primeiro equipamento por meio de eletrodos, e este a um segundo, a fim de conduzir o sinal elétrico entre os dois. A partir daí o sinal elétrico parte do primeiro para o segundo e a transmissão de informações do segundo para o primeiro, de maneira que ambos os aparelhos possam estabelecer uma relação entre si", diz um trecho da explicação do processo apresentado pela Microsoft ao Departamento de Patentes dos Estados Unidos.

Uma fonte DC ou AC pode ser utilizada como fonte de energia inicial. Ainda de acordo com o método de transmissão de energia, sinais de áudio podem ser criados por meio de técnicas de freqüência modulada.

A intenção da patente é reduzir a "redundância de entradas e saídas de dados em equipamentos", por meio da criação de uma rede pessoal que permite que um simples dado seja inserido ou retirado de diferentes equipamentos de uma maneira mais simples.

Segundo a Microsoft, muitas pessoas utilizam atualmente eletrônicos portáteis em seus corpos, como relógios de pulso, celulares e PDAs. "Por exemplo, um relógio, um pager, um rádio e um PDA podem ter caixas de som. A fim de reduzir a redundância entre os equipamentos é proposta uma rede entre os aparelhos eletroeletrônicos. Por meio da troca de dados, via rede, a inserção de dados pode ser feita em apenas um aparelho, e utilizado por vários outros", diz um trecho da proposta.

O pedido de patente foi proposto em abril de 2000 pela Microsoft. Os inventores do método são Lyndsay Williams, William Vablais e Steven N. Bathiche.

"Laboratório do amor" prevê duração de casamento

Deu na BBC. Fevereiro de 2004.

Cientistas do Instituto de Pesquisas de Relacionamento, apelidado de "Laboratório do Amor", dizem ter criado um modelo matemático que pode prever quais casamentos terminarão em divórcio.

O psicólogo John Gottman e os matemáticos James Murray e Kistin Swanson alegam que suas previsões têm 94% de precisão.

Casais submetidos ao teste devem primeiro preencher um questionário para identificar seus tipos de personalidade.

Eles então são ligados a um equipamento para monitorar respostas físicas e emocionais durante discussão sobre algum assunto controverso, como dinheiro, por exemplo.

Análise

Swanson – que diz sempre ter sido cética em relação à idéia de uma equação do amor – então examina os dados.

"Mas há algo a mais aqui, não é simplesmente matemática", disse ela. "Quando inicialmente comecei a trabalhar nisso, eu acreditava que não existiria uma maneira de quantificar um sentimento como esse. Não fazia sentido para mim."

"Mas cruzando quatro estudos diferentes, pudemos testar 500 casais com resultados com precisão acima de 90%."

O modelo foi desenvolvido com o uso de dados coletados de conversas filmadas entre casais. Dados psicológicos, como medição da pulsação, também foram coletados e analisados.

Problemas

Segundo os pesquisadores, as conversas refletem problemas fundamentais de um casal.

"Antes desse modelo, previsões de divórcio não eram precisas", diz Gottman. "E nós não tínhamos idéia de como analisar os casamentos de longa duração e os casais que se divorciavam."

O segredo foi quantificar a proporção de interações positivas e negativas durante as conversas.

A proporção mágica é de cinco para um, respectivamente, e um casamento corre o risco de não dar certo se a proporção for menor que isso.

"Quando pessoas que vivem um casamento feliz conversam sobre assuntos importantes, eles podem não concordar, mas eles riem, brincam e mostram sinais de afeição porque têm relações emocionais", disse Gottman.

"Mas muita gente não sabe como se relacionar ou como usar senso de humor nessas situações, e isso significa que a maioria das brigas acontece porque falta conexão emocional. Nós não saberíamos isso sem o modelo matemático", acrescenta.

"O que estamos tentando fazer é realmente entender como funcionam as relações amorosas. E assim podemos ajudar as pessoas a construir seus romances e paixões."

Jovem dá PC com aliança dentro para a sua noiva

Deu em *O Estado de S.Paulo*. Março de 2004.

O pedido de casamento feito por um fanático por computador só podia ser feito através de um... computador. Foi o que fez Mike Jonson, 23 anos, administrador de redes, em Wappingers Falls, Nova York. Em vez de simplesmente falar que queria se casar com sua amada, presenteou-a com um PC.

Na lateral da máquina, a pergunta: "Você me daria a honra?". Na parte superior, dentro de uma imitação daqueles bolos próprios de casórios, estava o anel de noivado. A felizarda, Rachel Tolliver, exultou: "Estou feliz. Que garota imagina receber uma coisa dessas, tão surpreendente!".

Johnson, que adora montar gabinetes personalizados, ou "case modder", como chamam os americanos, percebeu que poderia combinar seu hobby com a proposta que Tolliver vinha esperando há algum tempo. "Eu estava louco para fazer um novo mod e ela precisava de um PC mais rápido no escritório", ele contou ao Wired News.

Para manter tudo em segredo, Johnson construiu o mod na garagem da casa de seus pais. Foram três semanas de trabalho e gastos de 250 dólares. O gabinete foi pintado de branco e decorado com laços e pérolas. No lugar do interruptor, Johnson colocou uma imitação de diamante.

Segundo Tolliver, Johnson provavelmente gostaria de se casar numa convenção de informática, mas o local escolhido deve ser mesmo uma igreja. "Está sendo maravilhoso. É como um conto de fadas. O que aconteceu comigo está nas manchetes de jornais e revistas, na TV. Eu só espero que dure para sempre".

Os novos rostos do roubo a banco nos EUA

Deu no *Último Segundo*. Julho de 2004.

O caso de J.L. Rountree, a princípio, parecia uma aberração. Em agosto passado, Rountree, 91 anos, entrou no First American Bank em Abilene, no

Texas, e entregou ao caixa uma nota dizendo: "Assalto".

"Você está brincando", disse o caixa.

"Vai logo", gritou Rountree, que não estava armado. "Ou você vai se machucar".

Rountree – longe de ser um corredor – partiu com US$ 1.999 e foi preso pouco depois pela polícia local, que deu a ele um apelido perfeito: o Vovô Bandido. Ele se declarou culpado e foi sentenciado a doze anos de prisão.

Então, em dezembro, Sally Ann Smith, 56 anos, descrita por um vizinho como "uma pessoa maravilhosa e adorável, e uma avó devotada", foi presa em sua casa em Peoria, Arizona, por roubar dois bancos. Sally também recebeu um apelido: a Vovó Bandida.

Então, houve Robert Day, um assaltante armado de 68 anos no Texas, e Brenda Bishop, a Vovó Bandida de Macomb, Michigan, que não carregava uma arma; ambos estão presos. E na última quinta-feira, um homem de 70 anos chamado Gordon Bryant tentou roubar um banco em Versailles, Illinois. A polícia o encontrou do lado de fora, com uma meia sobre a cabeça. Ele foi preso, outro Vovô Bandido fora das ruas.

Apesar de ser tentador ver esses vovôs e vovós bandidos como evidência de um amplo colapso moral entre os idosos norte-americanos, é mais provável que eles digam algo sobre a nova natureza dos crimes de roubo a banco. Depois da caça a bandidos como Bonnie e Clyde, e as gangues de rua com armas automáticas, o roubo a banco se tornou um crime para qualquer um.

Apesar de cerca de metade dos roubos a banco nos EUA ainda serem cometidos por viciados em drogas em busca de dinheiro e um terço serem realizados por ladrões veteranos, oficiais federais e criminologistas dizem haver um novo padrão para os ladrões de banco. Eles são jovens e idosos, donas de casa e profissionais bem estabelecidos, resumindo, qualquer um com uma aguda necessidade por dinheiro.

"Isso inclui pessoas que podem ter perdido seus empregos ou a segurança financeira de um casamento, ou enfrentam uma dívida imediata", explicou William J. Rehder, ex-especialista em roubos a banco do FBI. "A maioria dessas pessoas não tem passagem pela polícia. Elas começam como virgens no crime e adotam essa opção."

Abraçar estranhos é nova onda entre solteiros de Nova York

Deu no UOL. Agosto de 2004.

Nova York – Não se trata de sexo, e sim da experiência sensorial e afetiva de aconchegar-se a estranhos, todos vestindo pijama.

São eventos conhecidos como "cuddle parties" – algo como "festas do aconchego" –, e desde que começaram a acontecer em Nova York, em fevereiro, centenas de pessoas já pagaram 30 dólares cada para tocar e abraçar outras pessoas em reuniões íntimas.

Todo o mundo precisa de um cafuné e um abraço, especialmente na solitária Nova York, dizem Reid Mihalko e Marcia Baczynski, os criadores do novo conceito, para os quais trata-se de uma boa maneira de encontrar pessoas novas e interessantes.

Mas as regras são claras: ninguém pode tirar o pijama, e os participantes não podem esquecer-se da regra número 7: "Nada de esfrega-esfrega erótico."Um sino é mantido à mão para o caso de o clima ficar sensual demais. Antes de a sessão de carinhos começar, o sino é tocado várias vezes para que todos entendam a mensagem.

"Nunca tivemos que usar o sino", diz Mihalko, contando que, entretanto, às vezes acontece de participantes ficarem sexualmente excitados. Para ele, as pessoas não devem se assustar nem se excitar se surgir uma ereção. "Isso acontece", explica.

A idéia das "cuddle parties" surgiu quando Mihalko, que trabalha há 14 anos como massagista, começou a fazer massagem em colegas de profissão, que nunca têm a chance de receber uma massagem.

Para Mihalko, ficou claro que as pessoas precisam ser tocadas quando ele viu uma mulher chorando depois do alívio emocional proporcionado por uma massagem realizada num estande ao ar livre no centro de Manhattan.

"Começou como brincadeira", contou Baczynski. "Agora falamos sobre aconchego o tempo todo. É espantoso."

Carinho e comunicação

A curiosidade é um dos principais motivos que levam as pessoas às "cuddle parties", e também a idéia de que elas são uma maneira melhor de conhecer pessoas do que ir a um bar, embriagar-se e passar a noite com alguém apenas por carência afetiva, disse Baczynski.

Para os organizadores, as "cuddle parties" são momentos de comunicação, não de terapia.

Voyeurismo por celular pode virar crime nos EUA

Deu no IDG *Now!* Julho de 2004.

Um dos apelos usados pelos fabricantes de celulares para vender seus aparelhos com câmeras digitais é a facilidade de "flagrar" celebridades ou anônimos em situações embaraçosas.

Nos Estados Unidos, os "voyeurs" de celulares estão com os dias contados, se for aprovado o Video Voyeurism Prevention Act pelo Congresso norte-americano, que prevê multas de US$ 100 mil, prisão por até um ano, ou ambos.

Pelo projeto de lei, é proibido fotografar ou filmar pessoas nuas sem consentimento em qualquer lugar onde se suponha que possa haver uma "razoável expectativa de privacidade".

A popularidade dos celulares com câmeras digitais, no entanto, não pára de crescer. Nos Estados Unidos, cerca de 9 milhões desses aparelhos foram comercializados em 2003, informou Alex Slawsby, analista de equipamentos móveis da IDC.

Em 2004, as vendas devem superar 27 milhões e chegar a 100 milhões em 2008. Analistas do Gartner Group dizem que, em 2006, 80% dos celulares vendidos nos Estados Unidos serão equipados com câmeras.

Cristão compra 6 mil ingressos para divulgar filme de Mel Gibson

Deu no *Último Segundo*. Fevereiro de 2004.

Chicago – Arch Bonnema ficou comovido com o polêmico filme de Mel Gibson *A paixão de Cristo*. "O filme teve um impacto profundo sobre minha vida", disse Bonnema, que é batista e viu o filme em sessão prévia especial. Ele deu 6 mil ingressos para a estréia de *Paixão*, marcada para o dia 25 de fevereiro, a Quarta-feira de Cinzas, nos Estados Unidos.

Uma mistura poderosa de religião e dinheiro parece prestes a fazer de "Passion" um grande sucesso de bilheteria, apesar dos temores de que o filme possa alimentar o anti-semitismo.

Gibson, que gastou 25 milhões de seu dinheiro próprio para fazer o longa-metragem, está confiando nas igrejas evangélicas para fazer sua divulgação, e a estratégia parece estar funcionando às mil maravilhas.

Exceto pela direção de Mel Gibson, *Paixão* está longe de ser um blockbuster típico de Hollywood. É um filme feito com baixo orçamento, sem atores famosos e falado em latim e aramaico.

A estréia norte-americana acontecerá em cerca de 2 mil salas, um número semelhante ao que teria um filme lançado por um grande estúdio. É algo inusitado em se tratando de um trabalho que, na realidade, é independente.

Em lugar dos outdoors e anúncios na TV de costume, Gibson convidou milhares de líderes religiosos para assistir a sessões especiais do filme e fazer sua divulgação boca a boca.

Os críticos dizem que o filme, que mostra as últimas 12 horas na vida de Jesus, exagera ao atribuir a culpa pela morte de Cristo aos judeus. Mel Gibson, que integra uma ala ultraconservadora da Igreja Católica, diz que se surpreendeu com a comoção provocada.

Sanduíche com imagem da Virgem é leiloado na web

Deu no *Terra*. Novembro de 2004.

Um sanduíche de queijo mordido e feito há dez anos no qual, segundo sua dona, pode-se ver a imagem da Virgem Maria foi vendido por US$ 28 mil em um leilão na internet.

O comprador foi o casino GoldenPalace.com, que tinha garantido que faria o possível para arrebatar o sanduíche e agora afirma que tem planos de usá-lo para ganhar dinheiro com fins beneficentes. Pouco após concretizar a compra ontem, representantes do GoldenPalace.com viajaram para a Flórida para buscar o sanduíche.

Diana Duyser, de 52 anos, que vive na cidade de Hollywood, ao norte de Miami (Flórida), fez o sanduíche há uma década.

"Depois de dar uma leve mordida, percebi a imagem. Ela me olhava fixamente e minha primeira reação foi de medo. Depois, me dei conta do quanto ela é especial. Coloquei em uma caixa com algodões e a guardei com respeito por todos esses anos", acrescentou. "Nunca houve um sinal de deterioramento", garantiu.

A empresa eBay retirou o sanduíche do leilão no começo do mês porque acreditava que as ofertas, que chegaram a US$ 22 mil, eram pouco sérias.

Elvis taxista é repreendido por polícia de Seattle

Deu no *Último Segundo*. Dezembro de 2003.

Seattle – O curioso caso do Elvis taxista começou silenciosamente após os ataques terroristas de 11 de setembro de 2001. Depois de representar Elvis Presley no Halloween por alguns anos, um motorista de táxi de Seattle, David Groh, percebeu que sua fantasia – macacão com diamantes falsos, costeletas e óculos gigantes – era muito popular entre os passageiros.

"A alegria das pessoas era aparente", disse Groh, que se chama de Elvis taxista e dirige no turno noturno para a associação de taxistas Red Top. Após os ataques terroristas, explicou Groh, os passageiros estavam tão tristes e a vida parecia tão curta que ele se sentiu obrigado a viver vestido de Elvis.

"Se você sabe como fazer as pessoas sorrirem e aumentar o quociente de alegria em suas vidas, você deve fazê-lo", afirmou Groh, "especialmente se você não sabe se vai ter outra chance amanhã".

Mas no começo do ano, ele foi pego. Um inspetor de táxi o pegou usando um macacão vermelho com um chapéu vermelho e o acusou de violar o código de uniforme dos taxistas de Seattle.

Ele foi multado em US$ 60 – US$ 30 por estar em desacordo com as calças e US$ 30 pela camisa. Desde 1997, o código de vestimenta dos motoristas de táxi de Seattle obriga os motoristas a usarem camisas sociais e calças pretas.

Mas Groh, 37 anos, encontrou um simpatizante na prefeitura de Seattle, e os membros devem votar uma legislação proposta por Richard Conlin para permitir que os taxistas usem fantasias, contanto que elas retratem "uma figura pública, personalidade ou personagem conhecido", não usem sandálias ou máscaras e não se vistam como policiais ou bombeiros.

Passageiros de vôo reclamam do chulé de Britney Spears

Deu no UOL. Dezembro de 2004.

Passageiros de um vôo entre Los Angeles e Nova York tiveram uma experiência desagradável ao viajar perto de Britney Spears.

De acordo com o tablóide inglês *The Sun*, a estrela pop decidiu tirar seus sapatos para relaxar durante o vôo, mas acabou incomodando os vizinhos devido ao mau cheiro de seu pé.

Uma fonte citada pelo jornal afirma que o chulé da cantora era tão forte que foi preciso pedir para Britney colocar os sapatos novamente.

"O cheiro era inacreditável", conta a fonte do Sun.

Após cerca de cinco passageiros reclamarem com uma aeromoça, a atendente foi obrigada a falar com a estrela, que viajava com seu marido, o dançarino Kevin Federline.

"Britney ficou vermelha, riu e disse que eram os sapatos que faziam seus pés terem mau cheiro. Felizmente ela calçou os sapatos. Não ia dar para agüentar aquilo", contou a fonte do jornal inglês.

Boneca Barbie se lança à presidência

Deu no *Diário da Manhã de Goiânia*. Agosto de 2004.

Armada com uma agenda em favor da luta pelos necessitados e pela paz mundial, Barbie, a boneca mais famosa do mundo, acaba de anunciar sua candidatura à presidência pelo fictício "Partido das Meninas".

O anúncio foi feito na quinta-feira em uma loja de brinquedos de Nova York, onde a boneca, que acompanhou durante 45 anos gerações de meninas, foi apresentada vestindo um elegante conjunto de jaqueta e calças de cor vermelha.

Seguindo uma linha liberal e progressista, Barbie fará campanha com uma agenda de prioridades derivadas das preocupações manifestadas por milhares de meninas em seu site na internet, entre elas a paz mundial, a ajuda aos pobres e o respeito aos animais.

A The White House Project (O Projeto Casa Branca), uma organização nacional independente com o objetivo de promover a liderança feminina em todas as esferas, não só a política, acaba de lançar uma campanha com o objetivo de que as mulheres sejam uma força decisiva nas eleições presidenciais, e "Barbie Presidenta" é parte do esforço.

Cada boneca custa 20 dólares e tem modelos nas raças branca, afro-americana e hispânica, algo muito apropriado agora que seu novo personagem trata dos valores democráticos e da representatividade.

Justiça dos EUA autoriza fotos da boneca Barbie nua

Deu na *Reuters*. Dezembro de 2003.

Uma corte federal dos Estados Unidos garantiu nesta segunda-feira o direito de um artista do Estado de Utah de produzir fotos da boneca Barbie nua e sendo ameaçada por utensílios de cozinha.

Julgando que a imagem das bonecas Barbie é "propícia a comentários sociais", um conselho de três juízes da Nona Corte de Apelação rejeitou um pedido da fabricante Mattel Inc.'s para restringir o trabalho do artista.

A corte se baseou na Primeira Emenda da Constituição, ao sustentar que o fato se caracteriza como crítica social. Uma decisão favorável similar ocorreu em 2001, quando a Forsythe pôde produzir fotos da boneca em perigo, nua e atacada por utensílios domésticos.

A Mattel argumentou que as fotos infringiam seus direitos autorais. Forsythe utilizou as bonecas Barbie em absurdas poses e muitas vezes em posições sexuais para as suas fotos da série "Cadeia Alimentar Barbie".

O artista argumentou que a série, que incluía fotos da Barbie enrolada em tortilhas, buscava criticar a "coisificação das mulheres" e o "mito da beleza" associado à boneca.

"Barbie é o mais duradouro desses produtos que alimentam as inseguranças de nossa cultura de consumo obcecada por perfeição e beleza", disse o artista.

Michael Jackson pode ter planejado fuga para o Brasil, diz juiz

Deu na BBC *Brasil*. Setembro de 2004.

O juiz no processo de abuso sexual de menores contra Michael Jackson negou reduzir a fiança de US$ 3 milhões imposta ao cantor, citando evidências de que ele poderia ter planejado fugir para o Brasil.

"A transcrição do júri de inquérito traz provas detalhadas de que o acusado tentou fazer com que a família Doe viajasse ao Brasil, e a família declara que isso era feito contra a sua vontade", escreveu o juiz Rodney Melville.

De acordo com os papéis do processo, Michael Jackson teria dito que se encontraria com eles no Brasil.

Artista transforma operação plástica em performance

Deu na AE-SP. Fevereiro de 2004.

Nova York – Dizendo desafiar as percepções tradicionais de beleza, a artista performática francesa Orlan já fez várias cirurgias plásticas no rosto e no corpo. Orlan acha que a arte "tem que chocar". E com sua arte carnal – que inclui remodelar seu rosto para fazê-lo ficar parecido com o das mulheres de Ndebele, do Zimbábue, conhecidas por usarem colares que alongam o pescoço – ela consegue atingir esse objetivo.

"Toda a idéia do meu trabalho é ser contra a idéia de pressão social no corpo da mulher", disse a artista de 56 anos, em um debate sobre seu trabalho no Museu de Artes e Design de Manhattan, em Nova York. Orlan, que tem uma enorme prótese acima das sobrancelhas, acredita que cirurgia plástica seja mais que redução do estômago, lipoaspiração e aumento dos seios. É uma expressão do sublime e do grotesco, excentricidades encravadas na carne humana e esculpidas nos ossos.

O trabalho de Orlan é gráfico e bizarro, uma mistura de absurdo e exótico. Durante uma apresentação multimídia, ela mostrou 40 anos da história de seu trabalho, que começou com fotografias em poses nuas em preto e branco e terminou com sua performance durante a própria cirurgia plástica, mostrada em detalhes. Orlan busca ficar parecida com padrões não ocidentais de beleza, como as mulheres de Ndebele, que esticam seus pescoços usando dezenas de colares apertados. Diz que sua arte se rebela contra a repulsão cristã aos prazeres da carne e é formada por "híbridos mutantes", uma combinação da arte tribal com tecnologia moderna.

Mais chocantes talvez sejam as performances de Orlan durante as próprias cirurgias, algumas das quais têm seus próprios temas. Durante uma delas, ela aparece vestida como uma Madona, segurando uma grande cruz negra em uma mão e uma branca na outra, enquanto os médicos e enfermeiras, fantasiados, cortam camadas de pele. Até mesmo o sangue e a carne descartados após as cirurgias são usados. Ela, por exemplo, revestiu um pedaço de sua carne com vidro e prendeu-o em uma pequena tábua. Para Orlan, "o corpo é uma escultura e um pedestal".

Jovens na Flórida penduram-se em ganchos de açougue por diversão

Deu no *Último Segundo*. Julho de 2004.

Miami – As autoridades de Florida Keys estão impressionadas como um novo e bizarro passatempo dos jovens – eles se dependuram em ganchos de açougue para se divertir.

A porta-voz da Guarda Costeira dos EUA disse no domingo que a delegacia do condado de Monroe e a Guarda Costeira foram chamadas no dia 12 de julho a uma praia perto de Whale Harbor, em Islamorada, onde os moradores dizem que um comportamento exótico está se tornando tradicional.

Eles descobriram que cinco jovens haviam construído um tripé de bambu e pendurado nele ganchos de açougue. Uma jovem estava dependurada pelas costas num dos ganchos da armação e seus pés tocavam de leve a superfície da água.

De acordo com um vídeo da Guarda Costeira, ela não parecia se incomodar com os ganchos fincados nas costas.

O tenente Tom Brazil disse ao jornal *Key West Citizen* que um jovem, que também enganchou sua pele bastante tatuada e com vários piercings no aparato, lhe garantiu que o grupo estava "apenas aproveitando a tarde".

Erotismo em potes

Deu no *Jornal do Brasil*. Janeiro de 2004.

Los Angeles – Joanne Webb não é bem uma ameaça à sociedade. Ela é uma feliz dona de casa de 43 anos que mantém seu negócio numa cidadezinha perto de Dallas.

Recentemente, a polícia de Cleburne, Texas, descobriu o que ela fazia para viver: usava reuniões fechadas com outras donas de casa de meia idade, oficialmente para vender potes plásticos, e oferecia a elas vibradores, cremes lubrificantes e outros acessórios eróticos. Dois agentes da divisão antinarcóticos, sem nada melhor a fazer, fingiram ser um casal querendo apimentar a relação e a procuraram. Queriam adquirir um vibrador.

Mais rápido do que se diz '"Pudim da Paixão sabor Framboesa" – um dos hits de Joanne –, ela foi presa e julgada com base numa obscura lei estadual contra obscenidades, que bania a venda de itens "usados para estímulo de órgãos genitais".

Encarando um ano de prisão e após pagar multa de US$ 4 mil, Joanne Webb tornou-se célebre. E o Texas, não pela primeira vez, é motivo de piada pelas leis absurdas que regulam comportamentos entre quatro paredes.

"Temos drogas na nossa escola e usam agentes da narcóticos para me pegar vendendo vibradores" – protesta ela. Festas de apelo erótico como as que Joanne promovia são comuns graças à firma que representa, a "'Passion Parties"'. Ela, como outras 3 mil vendedoras, cria os próprios eventos, nos quais distintas senhoras podem explorar suas fantasias sexuais sem ter de se disfarçar para visitar uma sex-shop. Não só vendem os produtos, como ensinam a usá-los, em minissessões de terapia.

Os advogados de Joanne se valem agora de uma decisão da Suprema Corte, na qual o Texas é proibido de interferir no comportamento sexual de adultos gays, para levar o caso à esfera constitucional. E dizem que ninguém mais foi processado, apesar de a Passion Parties atuar em todo o Estado.

Homem defende espalhar esterco em parada gay

Deu no *Jornal da Cidade*. Agosto de 2004.

Estados Unidos – O fazendeiro Wesley Bono, 35, que admitiu ter espalhado três toneladas de esterco ao longo da rota de uma parada gay, declarou-se inocente, dizendo que estava exercendo seu direito constitucional à livre expressão. Ele é acusado de espalhar o esterco em frente à casa de um casal gay e por duas ruas da cidade de Conway, no estado do Arkansas. "Sob a Primeira Emenda, um homem tem direito ao protesto. Era isso que eu estava fazendo. Eu não fiz isso como um crime de ódio, ou como um crime qualquer", disse. Seu julgamento está marcado para o dia 16 de setembro. Se for condenado, ele pode ser sentenciado a fazer trabalho comunitário e pagar pela limpeza.

Camiseta com seios nus tira casal de avião nos EUA

Deu na BBC. Agosto de 2004.

Um casal americano foi retirado de um avião em Miami porque os tripulantes da aeronave consideraram que a camiseta que um deles estava usando era obscena.

Oscar Arela e sua namorada, Tala Tow, estavam viajando da Costa Rica para Nova York quando aconteceu o incidente. Ele estava usando uma camiseta em que apareciam os seios nus de uma mulher.

Os tripulantes falaram para Oscar retirar a camiseta ou vesti-la do avesso para esconder a imagem, mas ele se recusou e acabou sendo expulso do avião.

Grito

Um porta-voz da empresa responsável pelo vôo, a American Airlines, disse que os tripulantes agiram corretamente e que o casal recebeu de volta o dinheiro da passagem.

"Trata-se de uma imagem de um homem e uma mulher, e os seios da mulher estão à mostra", disse Tow ao jornal Miami Herald, falando a respeito da camiseta de seu namorado.

"O comissário de vôo veio em nossa direção e gritou: 'Você tem que tirar essa camiseta agora mesmo'."

O casal afirma que ninguém no vôo havia reclamado da camiseta.

Mas o porta-voz da American Airlines disse que a peça de roupa continha imagens "bem mais explícitas" do que as descritas pelo casal.

Papai Noel é seqüestrado no Canadá

Deu na *Folha Online*. Dezembro de 2002.

Um grupo de ladrões autodenominado de Iniciativa Grinch seqüestrou um boneco de Papai Noel que estava no jardim de uma casa em Ontário (Canadá), com o objetivo de cobrar um resgate, disse nesta quarta-feira a proprietária da casa.

O grupo – que já havia roubado a casa anteriormente e exigido um resgate parecido – quer que os donos arrecadem comida enlatada para um banco de alimentos, para que possam recuperar, antes do Natal, o Papai Noel feito de madeira compensada, disse Evelyn Hussey, moradora de Sarnia, uma cidade industrial cerca de 300 km ao sul de Toronto.

"Minhas renas ainda estão aqui, mas o Papai Noel foi levado", disse Hussey em entrevista telefônica.

Ela afirmou ter recebido um telefonema e pedidos de resgate para o Papai Noel, de 1,22m de altura.

Os pedidos de resgate continham instruções e fotografias do Papai Noel seqüestrado.

"Na nota em que eu recebi à noite, ele está em frente ao Hospital Geral de Sarnia, o que provavelmente significa que ele será ferido se eu não atender aos pedidos deles" [dos seqüestradores], explicou Hussey.

A dona do Papai Noel disse que planeja pedir ajuda às escolas locais para arrecadar aproximadamente 700 latas de comida.

"Quero meu Papai Noel de volta porque o jardim fica feio sem ele. Eu somente o quero de volta", afirmou.

O nome do grupo de seqüestradores faz referência à criatura do livro clássico de Dr. Seuss (Theodor Geisel), publicado em 1957 nos Estados Unidos, que pretendia acabar com o Natal.

Quase metade das línguas estará extinta em 100 anos, dizem cientistas

Deu na *Folha de S.Paulo*. Fevereiro de 2004.

Seattle – Cerca de 40% dos idiomas falados hoje no mundo desaparecerão entre os próximos 50 e 100 anos, alertou um painel de lingüistas durante o encontro anual da AAAS (Associação Americana para o Avanço da Ciência, na sigla em inglês), que acontece em Seattle.

Segundo os cientistas, o fim de boa parte das 6.809 línguas faladas no planeta não só traráimpactos culturais como também conseqüências econômicas.

"Veremos uma extinção de línguas milhares de vezes mais acelerada do que a extinção das espécies", disse o lingüista Stephen Anderson, da Universidade de Yale.

As razões principais para o desaparecimento dos idiomas, de acordo com os lingüistas, são a dominação econômica e cultural e a explosão demográfica.

"Hoje, o império americano fortalece o inglês (primeira língua mais falada do mundo como segundo idioma, e segunda mais falada como primeiro) e a explosão demográfica da China torna o chinês o idioma mais falado do mundo como primeira língua", afirmou Anderson.

Mas, apesar das adversidades, os lingüistas foram unânimes em dizer que o mundo não caminha para uma língua universal, como o esperanto.

"Não corremos esse risco. Mesmo que haja uma língua dominando o mundo, em um período de dez anos ela sofrerá várias mudanças em diferentes países e culturas, e uma outra língua acabará sendo criada. A linguagem humana é bastante dinâmica", concluiu David Lightfoot, da Universidade de Georgetown, em Washington.

Terapia genética faz macaco preguiçoso virar workaholic

Deu na BBC *Brasil*. Agosto de 2004.

Um grupo de cientistas nos Estados Unidos descobriu uma terapia genética capaz de transformar macacos preguiçosos em verdadeiros workaholics.

Normalmente, macacos só dão duro quando sabem que alguma recompensa vai resultar disso. Mas os primatas que sofreram a alteração "suavam a camisa" o tempo inteiro.

Os macacos são parecidos com os seres humanos em sua relação com o trabalho – ao menos aqueles animais que vivem em um laboratório e aprendem a apertar botões e realizar outras atividades a fim de serem recompensados com água e guloseimas.

Eles só começam a se concentrar na tarefa quando chega o horário da refeição. Mas os cientistas do Instituto Nacional de Saúde Mental, nas proximidades de Washington, desenvolveram uma técnica pela qual a postura "profissional" dos macacos mudou notadamente.

Protelação

"Os macacos normais e as pessoas são proteladores", disse o cientista Barry Richmond, que liderou a pesquisa.

"Eles tendem a não trabalhar muito bem quando têm tempo à disposição, e a trabalhar melhor quando o momento da recompensa se aproxima."

"Já os macacos sob efeito do nosso tratamento não protelavam."

Depois de cerca de dez semanas, a terapia genética que mudou a forma como os macacos viam suas obrigações laborais perdeu seu efeito.

O resultado foi que os primatas voltaram a suas antigas práticas de guardar o suor para os momentos de necessidade.

Richmond diz que a técnica pode ser útil para um dia criar uma forma de ajudar quem sofre de depressão e outras condições em que a motivação desaparece da vida de uma pessoa.

Coitada da velha barata, está toda cheia de dor

Deu no *Jornal de Brasília*. Dezembro de 2003.

Os pesquisadores da Universidade de Case Western, em Ohio (EUA), fizeram uma descoberta para lá de inusitada. Segundo eles, não são apenas os seres humanos que enfrentam problemas nas articulações quando envelhecem. As baratas, tão nojentas aos nossos olhos, também se tornam mais frágeis com a idade. Depois de cerca de 60 semanas de vida – idade avançada para uma barata –, os insetos começam a ter dificuldades para andar e, um pouco mais tarde, passam a tropeçar o tempo todo.

De acordo com os curiosos cientistas, com 65 semanas de idade, 80% das baratas tropeçam sobre si mesmas. Isso aconteceria porque, assim como na artrite humana, as juntas dos insetos incham e eles perdem mobilidade. "Os tropeços acontecem a cada dois passos", segundo a cientista responsável pelo estudo, Angela Ridgel. Além disso, os pesquisadores observaram que poucas baratas velhas mantêm a habilidade de escalar em superfícies inclinadas. Cerca de 60% dos insetos envolvidos no estudo não conseguiram chegar ao topo de uma rampa com 45 graus de inclinação. O estudo foi publicado na revista científica Science.

Americano viaja como encomenda de NY ao Texas

Deu no *Último Segundo*. Setembro de 2003.

Charles D. McKinley, de 25 anos, funcionário de uma empresa de entregas, resolveu viajar de Nova York ao Texas para matar as saudades dos seus pais de uma forma inusitada: despachou-se dentro de um caixote.

O detalhe é que McKinley ainda deixou para a empresa em que trabalha uma dívida de US$ 550 (cerca de R$ 1610), valor de sua passagem, ou melhor, de sua própria encomenda.

A farsa só foi descoberta em DeSoto, no Texas, diante da porta da casa da família McKinley, quando o entregador percebeu os olhos do clandestino através de um buraco.

"Eu ficava sentado ali pensando, 'Ai, meu Deus, como é que eu me meti aqui?'. Pensando que, a qualquer momento, alguém iria perceber que tinha alguém sentado dentro do caixote", contou McKinley, que terminou a sua aventura na prisão, que já conhecera anteriormente por acusações de tráfico e cheques sem fundo.

Garota é resgatada de máquina de lavar nos EUA

Deu na *Folha Online*. Novembro de 2002.

Uma garota de seis anos ficou presa numa máquina de lavar em uma lavanderia nos Estados Unidos, enquanto a água começava a encher o compartimento. Ela foi resgatada por um pedestre, anunciou nesta quarta-feira polícia.

Julian Hernandez levou mais de cem pontos no rosto, braços e costas depois do acidente, que parece ter começado como uma brincadeira em uma lavanderia de Long Beach, 40 km ao sul de Los Angeles, ontem.

A polícia de Long Beach disse que ela aparentemente subiu na máquina de lavar, que tinha uma placa escrita "quebrada", quando a porta fechou e a máquina começou a funcionar de repente.

O pedestre Kloeum Hem ouviu os gritos da menina e quebrou o vidro com uma barra de ferro que tinha no carro, libertando a menina antes que ela se afogasse.

"Eu vi a menina na máquina de lavar, que estava girando, girando. Eu só queria tirá-la dali", disse Hem a repórteres.

A expectativa é que Hem, que teve cortes desde seu cotovelo até o pulso, e a menina tenham uma boa recuperação.

Grupo diz ter descoberto novo estado da matéria

Deu em *O Estado de S.Paulo*. Janeiro de 2004.

Boulder, EUA – Cientistas informam ter criado uma nova forma de matéria a partir de meio milhão de átomos de potássio resfriados quase ao zero absoluto, a temperatura mais baixa possível. Segundo os físicos responsáveis pelo estudo, trata-se de um "gás fermiônico", o que representa a sexta forma conhecida de matéria, junto com os sólidos, líquidos, gases, plasma e o condensado de Bose-Einstein, criado pela primeira vez em 1995.

O feito, descrito na edição atual do periódico especializado Physical Review Letters, foi realizado por pesquisadores da Universidade do Colorado, em Boulder, e do National Institute of Standards and Technology, que juntos formam o laboratório JILA. "O que fizemos foi criar uma nova e exótica forma de matéria", disse a física Deborah Jin, coordenadora da pesquisa.

A indústria provavelmente não terá uso para o gás fermiônico ainda por algumas décadas. A nova matéria, entretanto, poderá ajudar engenheiros a obter a supercondutividade, estado em que a eletricidade flui sem qualquer resistência, mesmo em temperatura ambiente. Seria uma revolução para a transmissão de energia elétrica – com maior velocidade e sem desperdícios –, assim como o funcionamento de computadores e outros sistemas eletrônicos.

Os férmions representam uma classe de partículas subatômicas elementares que inclui os elétrons. Em condições normais, férmions se repelem entre si. Dois férmions idênticos não podem compartilhar um mesmo estado quântico.

Em 16 de novembro, os pesquisadores do JILA usaram um laser para aprisionar uma pequena nuvem de átomos de potássio, resfriando-os a apenas 50 bilionésimos de um grau acima do zero absoluto (-273,16 °C), reduzindo ao máximo a energia e a movimentação das partículas. Aplicando um campo magnético ao gás resfriado, os cientistas forçaram os átomos a criar um condensado, movendo-se num padrão único de onda.

Mulher é presa por passar muito perfume e irritar o marido

Deu no *Diário do Grande* ABC. *Maio de 2003*

Uma mulher foi presa nos Estados Unidos por estar perfumada demais. Essa é a história contada pelo jornal Washington Post nesta segunda, que relata que Lynda Taylor, 36 anos, foi presa por se "encharcar de perfume".

Segundo o jornal, ela também teria colocado na casa em que mora remédios para insetos e desinfetante, além de ascender velas aromáticas.

O objetivo, conforme relatou o marido dela, David Taylor, 46 anos, à polícia, era intoxicá-lo, já que ela sabia que ele tem alergia a produtos químicos.

O Post destaca ainda que foi justamente essa alergia que o levou a abandonar o trabalho de construtor e receber uma indenização de US$ 150 mil.

Outdoor com cena de sexo oral provoca polêmica nos EUA

Deu em *O Popular*. Agosto de 2004.

Um outdoor promocional do filme "Brown bunny" deixou Los Angeles em ebulição. É que o cartaz mostra uma cena em que a atriz Chloë Sevigny pratica sexo oral no ator e diretor Vincent Gallo. No longa, a seqüência dura 10 minutos.

Balas com brinquedo que reproduz ataques de 11 de setembro são recolhidas

Deu no UOL. Agosto de 2004.

Miami (EUA) – Um comerciante de atacado de Miami está retirando do mercado 14 mil pacotes de balas com um brinquedo que mostra um avião voando entre duas torres, como ocorreu nos atentados contra às Torres Gêmeas de Nova York em 11 de setembro de 2001.

Segundo a companhia distribuidora, Lisy Corp, as balas procedem do México e são vendidas em um pacote que inclui um pequeno brinde para atrair a atenção dos menores.

Um de seus responsáveis assegurou à imprensa local que até surgirem as primeiras queixas dos consumidores a empresa desconhecia o conteúdo exato das embalagens.

A mercadoria, disse, foi comprada a granel de uma empresa de importação com sede em Miami.

As queixas partiram de um grande número de consumidores que se sentiram ofendidos e que chegaram a chamar os canais de televisão para manifestar a indignação.

O polêmico brinquedo reproduz um avião entre as Torres Gêmeas e, em sua parte inferior, traz a inscrição "9011", que poderia significar "9/11", o mês e o dia do atentado terrorista perpetrado em 2001.

A empresa que vendeu a carga para a Lisy Corp foi identificada pela imprensa como L&M Import, com sede em Miami.

A maioria dos doces eram vendidos em pequenos estabelecimentos de comestíveis freqüentados por hispânicos em Miami.

Luis Pedron, um dos responsáveis de vendas da Lisy Corp, explicou que a companhia decidiu retirar do mercado todos os brinquedos que provocaram as queixas dos cidadãos.

Prodígio americano faz trapalhada e dispara certo no alvo errado

Deu na *Folha de S.Paulo*. Agosto de 2004.

Atenas – O americano Matthew Emmons acordou no domingo coberto de glórias, sentindo-se um herói. Foi dormir com o título de maior trapalhão dos Jogos de Atenas, um dos maiores da história olímpica.

Aos 23 anos, estudante de contabilidade da Universidade do Alasca, o americano é considerado um prodígio do tiro. Começou no esporte aos 14 anos, treinado por um agente do FBI e, quando tinha 19, por muito pouco não conseguiu se classificar para competir em Sydney, há quatro anos. Atenas, entretanto, ele não deixou escapar. E brilhou nas seletivas dos EUA.

Emmons tornou-se o primeiro americano em 40 anos a conseguir vagas para a Olimpíada em três categorias. Já em território grego, voltou a fazer história. Na sexta, levou o ouro na categoria carabina deitado 50 m.

Nunca um americano havia conquistado, na seqüência, um Mundial e um título olímpico no mesmo evento. Foi o bastante para que ele fosse festejado como um herói. No sábado, concedeu entrevista coletiva no centro de imprensa dos Jogos, falou à NBC, virou celebridade instantânea. Mas o dia acabou. E chegou o domingo. Ontem foi a vez de disputar a categoria carabina três posições 50 m, em que o atirador realiza disparos deitado, de joelhos e em pé. Emmons começou bem. Muito bem, aliás. Liderou toda a prova e chegou à rodada final com três pontos de vantagem sobre o chinês Jia Zhanbo. Era o virtual vencedor. Nada tiraria o seu ouro. Nada normal. Porque o que ocorreu então foi surpreendente.

Emmons tinha só mais um tiro. Ele se preparou, tomou posição, disparou. Mas seu alvo continuou intacto. Incólume. Ileso.

Ninguém entendeu nada. "Eu atirei, vocês viram, eu atirei", disse o americano, preocupado, aos três oficiais que foram investigar o que estava se passando.

Foram alguns minutos de confusão. E veio então a constatação da trapalhada: o americano mirou no alvo de um vizinho de competição, o austríaco Christian Planner, então quinto colocado.

Como não acertou seu alvo, Emmons ficou com zero ponto na última rodada. Na soma, terminou a prova em oitavo lugar. Foi o último entre os finalistas.

Como se não bastasse, seu tiro foi o terceiro melhor das finais. E foi o melhor no alvo de Planner. O "presente" alçou o austríaco à terceira colocação. Foi bronze.

"Meu último tiro foi o melhor. Sou um cara de sorte", disse, ainda em êxtase, o dono do alvo.

Inconsolável, sem falar com ninguém, o americano Matthew Emmons saiu do centro de tiro. E entrou para o folclore dos Jogos Olímpicos.

Ásia e Oceania

Bobo da corte torra dinheiro de Tonga

Deu em *O Estado de S.Paulo*. Fevereiro de 2004.

Tonga vive momentos de intrigas e acusações: o ex-bobo da corte oficial, o americano Jesse Bogdonoff, provocou um prejuízo de US$ 26 milhões aos cofres do pequeno reinado do Pacífico Sul. Mas está disposto a pagar US$ 1 milhão como forma de resolver a disputa legal, anunciou seu advogado.

Há dois anos Tonga vem acusando Bogdonoff de ter aplicado esses US$ 26 milhões de modo irregular. O país também alega que seu ex-bobo recebeu comissões inflacionadas pelos investimentos.

Bogdonoff fez amizade com o rei Taufaahau Tupou IV nos anos 90, quando era gerente de contas no Bank of America em São Francisco, Califórnia. Nesse banco estavam depositados US$ 26 milhões amealhados pelo reino com a venda de cidadania tonganesa a chineses de Hong Kong antes de a Grã-Bretanha devolver a soberania do território à China, em 1997.

Bogdonoff passou então a freqüentar a corte de Tonga – um exótico país com 172 ilhas, onde a obesidade é sinônimo de beleza. Após obter a confiança do rei, com quem saía para beber freqüentemente, Bogdonoff deixou seu emprego no banco, foi nomeado oficialmente bobo da corte e investiu parte do dinheiro de Tonga em empresas de internet que faliram.

Nada menos que US$ 20 milhões supostamente evaporaram em 1999, após o ex-bobo investi-los em uma empresa de seguros de vida para doentes terminais. A Millennium Asset Management faliu em 2002 e Tonga acusa Bogdonoff e a empresa de desviarem dinheiro em taxas falsas e comissões.

O ex-bobo da corte insiste que cometeu erros honestos, mas Tonga acha que ele estava zombando do reino. "Acho que esse acordo é um alívio para os dois lados", disse Patrick Richardson, advogado de Bogdonoff.

Bogdonoff acredita ser vítima de intrigas dos áulicos de Tonga. "O bobo da corte tem muitos significados para a psique humana. Para mim, ele agora representa a tolice", disse o ex-bobo.

Vereador mascarado causa polêmica no Japão

Deu na *Folha Online*. Maio de 2003.

Masanori Murakawa, um ex-campeão de luta-livre, está causando polêmica no Japão. Eleito vereador, ele quer continuar usando no cargo a máscara que o tornou famoso no ringue e durante a campanha eleitoral.

Críticos de Masanori dizem que sua decisão de não revelar o rosto é "indecente". Mas nesta terça-feira, primeiro dia de funcionamento da Câmara de Morioka, no norte do Japão, Masanori manteve a máscara.

Amanhã, os vereadores da cidade se reúnem para decidir se ele terá permissão para continuar com a máscara a partir da primeira reunião formal da Casa.

Coréia do Norte proíbe uso de celular

Deu no IDG *Now!* Junho de 2004.

O governo norte-coreano baniu a utilização de telefones celulares no país e solicitou a devolução dos aparelhos. De acordo com a agência Yonhap, a iniciativa vem um ano e meio após ter começado a transmissão dos serviços móveis.

Um oficial não-identificado afirmou à agência que o uso dos celulares realmente foi proibido. As informações foram confirmadas durante um fórum intercoreado de discussões econômicas, em Pyongyang.

A agência não deu detalhes sobre os motivos que levaram à proibição.

Casal na Malásia envia 30 mil torpedos, mas perde concurso

Deu na BBC *Brasil*. Julho de 2004.

Kuala Lumpur (Malásia) – Um casal da Malásia que enviou quase 30 mil mensagens de texto por telefone celular na tentativa de ganhar um carro numa competição entrou na Justiça buscando um reembolso.

Eles gastaram mais de US$ 5 mil (R$ 15,1 mil), mas ainda assim não ganharam o prêmio principal.

Wong Jee Wai e seu namorado, Siew Kam Hong, conquistaram o terceiro prêmio, uma moto, que vale apenas um terço do valor que gastaram.

O concurso foi organizado de forma a atrair o público do país, que é apaixonado pela comunicação por mensagens de texto.

O prêmio principal era um carro 4 x 4, avaliado em cerca de US$ 45 mil.

O casal de namorados exagerou na dose no concurso, gastando o equivalente a um ano de seus salários e enviou um total de 29.505 torpedos.

Eles pensavam que o prêmio máximo seria dado àquele que enviasse o maior número de mensagens.

Mas os jurados do concurso do jornal Berita Mingu disseram que entregaram o prêmio ao melhor entre os slogans enviados pelos 50 concorrentes que mais escreveram.

Ao final, o carro ficou com um competidor que havia enviado "apenas" 1.042 mensagens.

O tribunal da Malásia rejeitou abrir o processo pedido pelo casal, dizendo a eles para ler com mais cuidado as letras miúdas das promoções da próxima vez.

China promove concurso para escolher 'Miss Bisturi'

Deu na BBC. Agosto de 2004.

A China está organizando o primeiro concurso de beleza do qual só poderão participar mulheres que tiverem passado pela mesa de um cirurgião plástico.

A escolha da 'Miss Bisturi' será realizada em outubro, de acordo com a mídia oficial do país.

As inscrições serão abertas para qualquer mulher que puder comprovar que sua beleza não é obra da natureza, mas sim da intervenção de um profissional da área.

A idéia de promover o evento teria nascido depois que uma mulher foi barrada de outro concurso de beleza porque gastou US$ 13 mil (R$ 36,7 mil) em 11 operações para melhorar sua aparência.

Expansão

A China recentemente aboliu uma proibição a concursos de beleza que já durava 54 anos.

No ano passado, pela primeira vez, foi realizado um concurso Miss Mundo no país.

Segundo o jornal *China Daily*, o setor de cirurgias plásticas está em plena expansão na China.

O incremento da área de beleza se deve, de acordo com analistas, ao pressuposto de que ter uma boa aparência é um caminho para o sucesso.

O fato se reflete no crescimento da oferta de salões de beleza.

De acordo com o *China Daily*, o país já conta com um milhão desses estabelecimentos, empregando seis milhões de pessoas.

Teste com droga que promete orgasmo atrai 200 mulheres na China

Deu na *Folha Online*. Setembro de 2004.

Mais de 200 mulheres chinesas se ofereceram como voluntárias para testar um novo medicamento que promete ajudar a ter orgasmos, noticia hoje a imprensa local.

Os médicos e os organizadores do teste no maior hospital universitário de Pequim dizem-se surpreendidos pelo elevado número de voluntárias.

"São mais as mulheres que hoje em dia prestam atenção à qualidade da sua vida sexual, o que durante muito tempo foi um tabu na sociedade chinesa", disse Zhang Miao, médico responsável pelos testes.

Ao fim de um período de dois meses, as mulheres farão uma avaliação final do produto farmacêutico, indica o jornal de Pequim "Beijing Chenbao".

Outro sinal da evolução de comportamentos na China é o fato de o Instituto Chinês de Sexologia e a Associação Médica da China terem lançado, na semana passada, o primeiro questionário nacional sobre as experiências sexuais das mulheres.

Tailândia é campeã mundial de enxertos de pênis

Deu no UOL. Julho de 2004.

Bangcoc – Eles são fervidos, atados a balões, servem de comida para os patos ou simplesmente jogados no lixo: esses são alguns destinos que as mulheres tailandesas dão aos pênis de seus maridos infiéis, depois de amputá-los.

A Tailândia se transformou no número um mundial em cirurgia reparadora do órgão sexual masculino, e isso não aconteceu por acaso: os casos de mutilação são freqüentes no reino, sendo que a última vítima, um camponês de 29, foi registrada terça-feira. Médicos e psicólogos tentam explicar os motivos dessa violência extrema. A poligamia, oficialmente proibida há apenas cem anos, continua sendo uma tradição muito comum e gera muitos problemas conjugais.

Além disso, na Tailândia o pênis é venerado como um símbolo de poder e de fertilidade, acrescentam os especialistas. Em todos os mercados do país ou nas proas dos barcos existem vários falos de pedra ou de madeira. Finalmente, o fato de toda cozinha tailandesa de respeito contar com um bom número de facas afiadas agrava o problema. Em seu consultório no hospital Paolo Memorial de Bangcoc, o doutor Surasak Muangsombot, cirurgião, recorda ter enxertado pela primeira vez um pênis em 1978, e assinala que descobriu rapidamente que essas horríveis mutilações são uma das formas de violência conjugal mais comuns na Tailândia. Sua equipe já operou 33 homens desde o início do ano.

No mesmo período, na Suécia foram registrados "apenas" três casos, nos Estados Unidos dois – entre eles o de John Bobbitt, que após sua recuperação virou ator pornô –, e na Austrália um.

"Há alguns anos, foram registrados quatro ou cinco casos na Tailândia, e em seguida não se falou mais do tema, mas em seguida acabou virando quase uma epidemia", diz o doutor Surasak. Em geral, os especialistas têm pela frente um trabalho difícil, já que as mulheres não ficam mais satisfeitas em apenas cortar o órgão. "Algumas o fervem, dão de comer aos patos, jogam no lixo, enterram ou amarram em um balão para que voe", explica o cirurgião. Uma mulher se recusou a dizer onde o tinha jogado, antes de admitir que ele estava numa fossa sanitária. "Disse à enfermeira que o limpasse bem e adverti ao paciente que poderia sofrer uma septicemia, mas ele me respondeu: faça o que for possível, se tiver uma septicemia, pelo menos morrerei com o meu pênis", lembra o médico. "Passaram quinze horas entre a mutilação e o enxerto, o que é muito mais do que dizem os livros, mas finalmente tudo ocorreu bem", acrescenta. O doutor Wallop Piyamanotham, psicólogo, considera que a amputação do pênis está ligada à bigamia masculina. "A única vingança possível para a esposa é amputar o pênis do marido", já que "poucos homens (bígamos) continuam fazendo amor com sua esposa", explica. O doutor Surasak destaca que o sucesso dos enxertos é notável. "A taxa de sucesso na operação é de 100%, mas acredito que apenas 50% dos homens recuperam suas funções normais", diz. O cirurgião dá um prudente conselho aos homens que não resistem à tentação da infidelidade: "Se você tem uma amante, sua mulher ficará louca de fúria e disposta a tudo. Por isso, trate de fazê-la feliz, mas por precaução tenha sempre a mão uma caixa térmica e o nome de um bom cirurgião".

Sexo virtual derruba consumo de camisinhas no Japão

Deu na *France Presse*. Novembro de 2004.

Tóquio – A venda de camisinhas no Japão está caindo por causa da alta adesão dos japoneses ao sexo feito via internet. As informações sobre o país que mais fabrica preservativos em todo o mundo foram divulgadas às vésperas do dia internacional de luta contra a aids.

As vendas internas caíram 43% desde o pico neste mercado, em 1980, quando 737 milhões de unidades foram comercializadas. Em 2003, o número ficou em 418 milhões, segundo dados divulgados pelo Ministério da Saúde do Japão.

Especialistas da indústria afirmam que a pornografia presente no país com tecnologia de ponta faz com que as pessoas tenham menos relações sexuais. "Desde a chegada da internet de banda larga, as pessoas podem ficar conectadas a noite toda sem ter qualquer custo extra", afirmou um porta-voz da Okamoto Industries, companhia que domina metade do mercado de camisinhas no Japão.

"Estas pessoas que vivem no computador não têm tempo para fazer sexo real", acrescentou. Ele também afirma que os preservativos causam uma má impressão aos jovens, pois o produto não é comum na pornografia cibernética, com a qual estão acostumados.

Cientistas japoneses identificam pingüins homossexuais

Deu na *Folha de S.Paulo*. Dezembro de 2004.

Um grupo de biólogos japoneses anunciou que pingüins dos jardins zoológicos do país têm mostrado um comportamento considerado homossexual, anunciou hoje a Universidade Rikkyo, de Tóquio.

A equipe de pesquisadores, dirigida por Keisuke Ueda, professor de ecologia do comportamento da Universidade Rikkyo, atribuiu as atitudes ao reduzido número de pingüins existentes nos cativeiros, o que dificulta as relações heterossexuais.

Ueda disse não ser possível determinar se os pingüins que vivem em liberdade agem da mesma maneira, pois é difícil monitorar essas atitudes na natureza.

Os cientistas filmaram vários tipos de ações consideradas homossexuais, desde a partilha do ninho por indivíduos do mesmo sexo a práticas de caráter sexual.

Segundo os cientistas japoneses, este comportamento já tinha sido observado em aves marinhas que vivem em liberdade, no seu habitat, como gaivotas.

China: macaca sexualmente insatisfeita aprende a fumar e a cuspir

Deu no UOL. Agosto de 2004.

Pequim – Feili, uma chimpanzé que vive no zoológico de Zhengzhou, capital da província chinesa de Henan, cospe nos visitantes e fuma porque, segundo as autoridades, tem uma vida sexual insatisfatória.

A fêmea, de 13 anos, equivalentes a 26 de um humano, era amável e obediente quando foi comprada de um zoológico da província meridional de Cantão, informa hoje, domingo, a agência oficial Xinhua.

No entanto, Feili perdeu suas boas maneiras ao ser levada para Henan, uma das províncias mais povoadas e pobres da China, onde aprendeu a cuspir – um dos costumes chineses que mais assusta os estrangeiros – imitando seus visitantes.

"A chimpanzé está cuspindo no público e fumando", constata um surpreso jovem durante uma visita.

"Há pouco tempo um turista jogou um charuto que caiu fora da jaula e ela está utilizando um pau para se apoderar dele", acrescenta.

O cuidador garante que Feili era acostumada a sair a passeio quando vivia em Cantão, mas diz que ela se mostra cada vez menos interessada aos afagos que os visitantes lhe fazem e está ficando muito preguiçosa.

Há pouco tempo, a primata cuspiu e tentou bater num visitante que estava a cerca de cinco metros de sua jaula, uma atitude estranha para um chimpanzé.

"Feili fuma de curiosidade, mas não é viciada em tabaco", assegurou Liu Bing, diretor do zôo, que acha que a mania de cuspir da primata se deve ao fato de ela imitar alguns visitantes mal-educados.

Liu afirma ainda que a dificuldade em achar um companheiro apropriado para Feili é "a causa de ela ter deixado de ser uma 'boa menina' para se tornar uma harpia".

O diretor garante que Feili tem um "marido" de 41 anos que não é capaz de "satisfazer seus desejos sexuais". "Estamos tentando encontrar um companheiro alternativo para a chimpanzé em outros zôos, mas ela não costuma se dar bem com os novos".

Não é a primeira vez que as autoridades chinesas demonstram essa sensibilidade com a vida íntima de seus animais em cativeiro. Em junho, uma ursa panda sem experiência em acasalamentos conseguiu ficar grávida de forma natural depois de intensas sessões de educação sexual ministradas através de vídeos exibidos por seus tratadores.

Lavar pratos previne tumor

Deu no *Jornal de Brasília*. Junho de 2003.

Um estudo realizado por pesquisadores chineses e australianos concluiu que exercícios físicos podem diminuir o risco de câncer de ovário, entre eles, o ato de lavar pratos. Os resultados da pesquisa foram publicados esta semana pelo International Journal of Cancer. O diretor da equipe de pesquisa, Colin Binns, da Universidade Curtin, de Perth, afirma que o estudo realizado com 900 chinesas demonstrou que o risco de câncer de ovário diminui se a atividade física aumenta. O curioso foi que lavar pratos estava entre as atividades físicas mais praticadas.

Piloto de Boeing 767 dorme durante vôo no Japão

Deu no *Diário do Grande* ABC. Abril de 2004.

A companhia aérea japonesa All Nippon Airways pediu desculpas nesta sexta-feira aos seus passageiros depois que um piloto dormiu em pleno vôo quando comandava um Boeing 767-300 com 184 pessoas.

O piloto, um profissional de 50 anos cujo nome não foi revelado, adormeceu durante uns 20 minutos depois da decolagem do aeroporto de Tóquio com destino a Yamaguchi, no oeste do Japão.

De acordo com o porta-voz da companhia aérea, o sono do piloto não chegou a provocar nenhum problema no vôo, pois ele já havia passado para o piloto automático.

O fato foi descoberto por um inspetor do Ministério dos Transportes, que estava no avião para verificar os procedimentos de vôo.

O 'dorminhoco' está sendo submetido a exames médicos para verificar se ele sofre de problemas de saúde que possam provocar-lhe estados de sonolência incontrolável.

Vírus do resfriado pode curar câncer de pele, diz estudo

Deu na *France Presse*. Janeiro de 2004.

Sydney (Austrália) – Cientistas australianos descobriram que o vírus de um simples resfriado pode curar o melanoma, uma grave variedade de câncer de pele, anunciou a equipe da Universidade de Newcastle, responsável pelo estudo.

"Descobrimos que as células do melanoma podem ser destruídas ao serem infectadas com o vírus de um resfriado comum", disse o professor Darren Shafren, chefe da pesquisa, cujos resultados foram publicados na edição de janeiro da revista da "Associação Norte-Americana de Pesquisa sobre o Câncer".

"Consideramos que se trata de uma descoberta decisiva para o desenvolvimento do tratamento do melanoma, e estamos muito entusiasmados", acrescentou o cientista.

Segundo ele, os resultados obtidos com células humanas e em testes com animais têm sido muito positivos. "Se conseguirmos chegar a resultados similares em testes com humanos, um tratamento poderá ser disponibilizado num prazo de um ou dois anos", afirmou.

Austrália quer proibir "chats suicidas"

Deu no IDG *Now!* Agosto de 2004.

Computerworld (Austrália) – O governo australiano apresentou nesta quinta-feira novas leis ao parlamento com o objetivo de proibir "salas suicidas" de bate-papo na web.

Pela proposta, passa a ser crime utilizar a internet para aconselhar ou incitar o suicídio. A pena máxima prevista para um indivíduo que violar as regras será uma multa de US$ 79 mil.

O secretário parlamentar de finanças e administração, Peter Slipper, afirmou que a proposta abrange qualquer tipo de material que promova o suicídio veiculado ou transmitido pela rede, inclusive a divulgação de técnicas específicas.

"Atualmente existem vários sites facilmente acessíveis na internet e salas de bate-papo que explicam métodos e dão instruções de como cometer o suicídio. Existem até salas de bate-papo que incentivam determinada pessoa ou grupo de pessoas a cometer o suicídio", afirmou Slipper.

"Estudos mostraram que em alguns casos como os das salas de bate-papo as discussões levaram uma pessoa tentar o suicídio, fato que muitas vezes foi bem-sucedido", destacou.

O secretário afirmou também que eventuais mudanças na lei de eutanásia voluntária não afetarão as determinações sobre as salas de bate-papo.

Australiano faz apelo por tubarões que mataram irmão

Deu na BBC. Julho de 2004.

O irmão do surfista australiano morto por tubarões no fim de semana apelou às autoridades para que poupem a vida dos animais.

Bradley Smith, de 29 anos, morreu no sábado depois de ter sido atacado por dois grandes tubarões brancos. Ele estava surfando perto do rio Margaret, 300 km ao sul de Perth.

Segundo o irmão de Bradley, Stephen, ele morreu fazendo o que mais gostava. Matar os tubarões seria "um ato de vingança sem sentido", disse Stephen.

"Ainda estamos no processo de aceitar o que aconteceu, disse Smith. "Mas não acredito que os tubarões deveriam ser mortos por causa do que aconteceu."

O pior emprego do planeta

Deu no *Estranhomasverdade*. Janeiro de 2002.

Mohamed Binatang Goncang, funcionário do Banco de Esperma do Zoológico de Singapura, ganha o título de ocupante do "Pior Emprego do Planeta", por Kway Ping.

A "Wildlife Reserves Singapore (WRS)", empresa que administra o Jardim Zoológico de Singapura, instalou um banco de esperma e tecidos de animais para ajudar na preservação das espécies. A tarefa ingrata de arranjar o esperma cabe ao Sr. Mohamed Binatang, que inicia o seu trabalho às 4 horas da manhã. "Precisamos começar tão cedo porque muitos animais apresentam ereção matutina ao acordar e torna-se mais fácil realizar a coleta do esperma." Calçando luvas de borracha e carregando uma grande caixa de isopor cheia de gelo e potinhos de plástico, o Sr. Binatang, de 25 anos, conta-nos que tinha acabado de se formar em Ciências Naturais pela "Singapore Polytechnic" e imaginou que o Zoológico de Singapura seria o lugar perfeito para trabalhar. "Nunca imaginei que fosse acabar masturbando um orangotango todas as manhãs," declara ele, melancolicamente. "O orangotango é o pior: espera ser beijado primeiro."

À medida que nos aproximávamos do espaço do orangotango, vimos o mais famoso hóspede do zôo comodamente deitado de costas, mãos atrás da cabeça, ostentando uma gigantesca ereção. Tendo aplicado óleo nas luvas, Mohamed hesitou um pouco na porta antes de entrar e ajoelhar-se ao lado do animal. Cerca de 3 minutos de gemidos abafados depois, o Sr. Binatang reapareceu.

Em seguida, a jaula dos tigres. Os gatões estavam preguiçosamente esparramados na grama verde aparentando indiferença enquanto Mohamed colocava um par de luvas limpas e entrava. "Aqui, kitty, kitty, kitty..."

Mais tarde, ele saía com vários potinhos cheios de um fluído viscoso. "Não é perigoso?" perguntamos. O Sr. Binatang ficou em silêncio alguns instantes. Finalmente, falou com o olhar vazio perdido na distância: "Eles

sabem que não estou aqui como inimigo". Foi em frente pelo zoológico até encerrar o turno às 3 horas da tarde, tendo cumprindo as suas tarefas com os tapires, rinocerontes, girafas e gorilas, entre outros.

"Todos os animais são diferentes", disse ele, enquanto tirava as luvas agora respingadas com sêmen do urso polar. "Os chimpanzés sempre querem ser acariciados depois. O elefante é o mais trabalhoso de todos por causa do tamanho... às vezes preciso usar as duas mãos." "Como se poderia esperar, isto está realmente a afetar a minha vida sexual. Sempre que começo a fazer amor com a minha esposa, esses hipopótamos ejaculadores ficam a flutuar na minha mente. "É difícil saber quanto tempo ele vai permanecer no cargo, mas o diretor assistente, Lai Jee Seow, acha que é importante que o Sr. Binatang continue. "Os animais acostumaram-se com o Mohamed, que vem todas as manhãs para aliviá-los", disse. "Muitos nem se preocupam mais em fazer sexo de verdade." Agora pense: Você já reclamou do seu emprego?

Chineses pegam 9 anos de prisão por comerem tigre, diz jornal

Deu na *Folha Online*. Julho de 2004.

A China condenou dois fazendeiros a nove anos de prisão por comerem a carne de um raro tigre da Manchúria, afirmou nesta quinta-feira o jornal Beijing Evening News.

Um tribunal da Província de Heilongjiang (nordeste da China) condenou Zhang Lichen e Gong Weisheng pela morte de um animal cuja espécie está praticamente à beira da extinção, afirmou o jornal.

O dois homens encontraram o tigre preso em uma armadilha em uma montanha no ano passado, mas não informaram as autoridades sobre o caso. Eles deixaram o tigre morrer e voltaram seis dias mais tarde para levar o animal para casa, retirar o couro e comer a carne.

"Os dois homens sabiam que vender um tigre era um crime, mas eles achavam que comer a carne do animal morto não feria a lei", declarou o jornal.

Cientistas constroem bateria humana

Deu em *O Debate*. Março de 2004.

Cientistas japoneses, trabalhando no Panasonic's Nanotechnology Research Laboratory, anunciaram o início do desenvolvimento de uma "bateria humana". É baseada em uma enzima que retira elétrons da glicose, ou seja, a bateria se alimenta de açúcar, gerando até 100 watts.

A nova bateria imitará o funcionamento do corpo humano, gerando eletricidade da mesma forma que o corpo gera a energia necessária para o seu funcionamento a partir do alimento. É claro que 100 watts de energia é uma proposta teórica, já que a pessoa não poderá ficar inerte, sem movimentar-se e o seu corpo continuará necessitando de energia.

Os pesquisadores, que até o momento estão trabalhando na geração de uma potência muito menor, afirmam que as baterias humanas poderão ser utilizadas para alimentar dispositivos portáteis carregados junto ao corpo ou mesmo incorporadas ao organismo.

O Dr. Kazuo Eda, coordenador da pesquisa, acredita que as bionanobaterias serão o desafio do futuro para os pesquisadores, depois que a indústria tiver ultrapassado a fase das células à combustível alimentadas por metanol, atualmente sendo desenvolvidas para aplicações em automóveis e em geradores de eletricidade.

Japão cria fêmea de roedor sem pai e com duas mães

Deu na *Folha Online*. Abril de 2004.

Um brinde ao feminismo radical: cientistas anunciaram o nascimento do primeiro mamífero que é filho só da mãe. Ou melhor, de duas mães.

A roedora Kaguya (personagem de um conto de fada japonês), orgulho de um grupo liderado por Tomohiro Kono, da Universidade de Agricultura de Tóquio, foi originada de um óvulo não-fecundado de camundongo. Equipado com duas cópias de genoma materno, vindas de dois animais, ele foi estimulado a se dividir e originar um embrião, como se tivesse sido unido a um espermatozóide.

A participação masculina jamais aconteceu. Para todos os efeitos, o embrião tinha duas mães e nenhum pai.

Ao contrário do que se pode pensar, esse método de reprodução baseado apenas em contribuições femininas é comum na natureza – embora normalmente exija apenas uma mãe. Chama-se partenogênese (do grego, "nascimento virgem") e ocorre em várias espécies animais.

O processo não ocorre em mamíferos, porém. Ou melhor, não ocorria, até Kono e seus colegas mudarem as regras do jogo, em experimentos relatados hoje na revista científica britânica "Nature" (www.nature.com).

Empresa japonesa cria aparelho que permite escolher sonhos

Deu na *Folha Online*. Junho de 2004.

Uma fabricante de brinquedos do Japão está lançando um novo aparelho que, segundo a companhia, permite ao dono escolher o sonho que vai ter durante a noite.

De acordo com a Takara, o Dream Workshop – que lembra um celular, porém é um pouco maior – pode ser programado para ajudar as pessoas a escolher os sonhos.

Antes de dormir, o usuário pode carregar uma fotografia digital no aparelho, que supostamente será transmitida ao sonho. Também é possível escolher um tema musical apropriado para o sonho: entre as opções disponíveis há temas de fantasia, românticos e nostálgicos.

Os usuários ainda devem digitar o nome de uma pessoa, como o do namorado ou de alguém com quem desejam sonhar, antes de dormir. O aparelho então é colocado ao lado da cama e emite uma luz branca, música relaxante e até mesmo uma fragrância para induzir os sonhos das pessoas.

Chinês "mais peludo do mundo" faz cirurgia para ouvir melhor

Deu em *O Estado de Minas*. Agosto de 2004.

Pequim – O chinês Yu Zhenhuan, de 26 anos, considerado o "homem mais peludo do mundo", foi operado na sexta-feira para a retirada de bolas de pêlos das orelhas que prejudicavam sua audição, informaram fontes médicas à imprensa.

Zhenhuan, um cantor que já perdeu um terço da capacidade auditiva, permaneceu quatro horas em uma sala de cirurgia de Xangai. Os médicos cortaram a pele de suas orelhas para retirar folículos, o que deve impedir o ressurgimento dos pêlos, segundo a agência de notícias Nova China.

De acordo com a agência, Yu foi designado "o homem mais peludo do mundo" em 2002 pelo Guinnes Book (o livro dos recordes), já que possui pêlos, alguns deles de até seis centímetros, em 96% da superfície de seu corpo, sendo que os outros 4% são basicamente as palmas das mãos e as solas dos pés.

Os pêlos de suas orelhas mediam até três centímetros, formando bolas compactas, o que o deixava propenso a infecções, informa a China. No entanto, Yu não pensa em recorrer a este tipo de 'depilação' em outras partes de seu corpo, já que pensa que isso o faria perder sua personalidade, informa o jornal *Guangzhu Daily*.

Família chinesa processa hospital depois que bebê é encontrado no lixo

Deu em *O Estado de Minas*. Agosto de 2004.

Pequim – Uma família processou o Hospital do Povo Longhua, da cidade de Xenzhen (sul), depois que seu filho prematuro foi encontrado numa lata de lixo horas depois do nascimento, informou nesta segunda-feira a mídia estatal chinesa. O menino estava chorando quando foi descoberto por um paciente na lixeira embaixo da pia de um banheiro feminino do hospital, informou o jornal Southern Daily.

Segundo a publicação, a família quer receber 1,8 milhão de iuanes (US$ 217.391) do hospital, que também a está processando por 40 mil iuanes em contas não-pagas. A mãe deu à luz o bebê prematuro no hospital em 14 de julho passado, seis horas antes de o menino ser encontrado, destacou o Southern Daily. O médico de plantão, identificado pelo sobrenome Deng, disse aos pais da criança que o bebê não tinha salvação quando nasceu e que seu corpo seria descartado pelo hospital.

Mas assim que os pais, abalados, souberam da notícia, um médico residente lhes contou que o bebê ainda estava vivo, após ter sido retirado de uma lixeira. O bebê continua no hospital para tratamento, mas o jornal não deu detalhes sobre seu estado de saúde.

Clínica japonesa se especializa em mafiosos mutilados

Deu no *Último Segundo*. Maio de 2004.

Uma clínica de Tóquio está explorando o inusitado mercado japonês de ex-mafiosos mutilados.

A yakuza, famosa máfia japonesa, é conhecida pela cruel prática do "yubitsume", em que o dedo de uma pessoa é cortado cada vez que ela comete um erro. Criminosos da organização também são facilmente identificados por suas tatuagens.

Pessoas que carregam essas marcas permanentes são malvistas no Japão e em geral ficam à margem da sociedade.

Garota se casa com cachorro

Deu no *Jornal de Brasília*. Junho de 2003.

Uma menina de 9 anos, Karnamoni Handsa, se casou, na Índia, com um cachorro vira-lata, numa cerimônia à qual compareceram mais de cem convidados, como parte de um ritual destinado a dar fim a um mau agouro. O insólito casamento ocorreu no povoado de Khanyan, em Bengala, no dia 11 deste mês, mas só foi divulgado ontem pela imprensa indiana.

Europa

Universidade vai torturar cobaias para saber se fé alivia a dor

Deu na BBC *Brasil*. Janeiro de 2005.

Cientistas da Universidade de Oxford, na Grã-Bretanha, vão torturar pessoas em laboratório para verificar se a fé em Deus é uma forma eficaz de aliviar a dor.

O estudo, que será acompanhado por neurologistas, farmacologistas, filósofos e teólogos, buscará saber como crenças religiosas se manifestam no cérebro humano.

Entre as experiências a serem realizadas, será esfregado um gel à base de pimenta na pele de voluntários, que serão convidados a tentar estratégias diversas para minimizar a sensação de ardor. Para as pessoas com forte convicção religiosa, entre essas estratégias estará a fé.

Enquanto estiverem sofrendo, voluntários serão expostos a símbolos religiosos como imagens da Virgem Maria ou um crucifixo.

Mulher morre ao ser atingida por crucifixo no sul da Itália

Deu na *Folha Online*. Setembro de 2004.

Uma mulher morreu nesta quarta-feira depois de ser atingida na cabeça por um crucifixo de dois metros, que caiu de um monumento que estava sendo restaurado.

Maddalena Camillo, 72, caminhava no principal quarteirão do vilarejo de Sant'Onofrio, região da Calábria, a cerca de 600 km da capital Roma, quando o crucifixo se soltou e caiu sobre sua cabeça, matando-a na hora.

Foto do Papa mostrando a língua será leiloada pela internet

Deu na AFP. Junho de 2004.

Roma – Uma foto inusitada do Papa João Paulo II mostrando a língua será leiloada pela internet, e segundo os organizadores, poderá ser arrematada a um preço de um milhão de euros (mais de um milhão de dólares).

O negativo da foto, tirada nos anos 1980, deveria ter sido destruído, mas um único exemplar foi salvo, segundo uma explicação dada na página da internet www.popeface.com. Os interessados também podem ver a fotografia no site de leilões Ebay.

O comprador da imagem levará, também, um certificado de autenticidade assinado por Andrea De Liberis, presidente da Associação artístico-cultural italiana "LegaBeniCulturali', segundo quem trata-se de uma "obra original, interessante por seu nível artístico e pela insólita careta infantil (...) do sumo pontífice". Angelo Tomaselli, representante do Ebay, disse à AFP que "o original da foto está em um banco de Roma".

Igreja julgará pastor que não crê em Deus

Deu em *O Bedelho*. Julho de 2004.

Um pastor dinamarquês que chama a atenção pública desde o ano passado por dizer que não crê em Deus será julgado por um tribunal pastoral por atos considerados incompatíveis com sua função, segundo informou ontem o ministério de Assuntos Eclesiásticos da Dinamarca.

Thorkild Grosboell, muito popular em sua paróquia em Taarbaek, 10 km ao norte de Copenhague, foi suspenso no mês passado pelo arcebispado de Elseneur (noroeste da Dinamarca), devido à revolta que provocou no cenário público e no mundo eclesiástico.

Em maio de 2003, uma revista publicou declarações do pastor em que este assegurava não crer em um Deus criador nem na ressurreição de Cristo.

Depois de suspenso, Grosboell continuou fazendo declarações provocadoras, o que, segundo a episcopisa de Elseneur, Lise Lotte Rebel, criou "uma profunda confusão" na Igreja Nacional Luteral, à qual pertencem 85% dos dinamarqueses. Para Rebel, o pastor "contribuiu para prejudicar a igreja" e "constitui uma carga para a função episcopal".

Grosboell pode receber advertência, multa de até meio mês de salário (US$ 2.500) ou ser afastado.

Francês é internado com 5,5 kg de moedas no estômago

Deu no *Diário do Grande* ABC. Fevereiro de 2004.

Um francês de 62 anos foi internado, na semana passada, em um hospital com 5,5 Kg de moedas, além de colares e agulhas alojados dentro do estômago.

O paciente, que já havia visitado anteriormente o hospital pelo mesmo motivo, não conseguia mais ir ao banheiro ou até mesmo comer.

Segundo os médicos, as moedas foram avaliadas em R$ 2,3 mil.

O peso dos objetos fizeram com que o estômago do francês chegasse à altura dos quadris.

O francês é portador de uma doença chamada 'pica', compulsão para comer coisas que não são consumidas como alimento.

Ar das igrejas pode fazer mal à saúde, diz estudo

Deu na BBC. Novembro de 2004.

O ar que há dentro das igrejas poderia fazer mais mal à saúde que aquele à beira de uma rua movimentada, segundo uma nova pesquisa.

Cientistas holandeses afirmaram que o ar nas igrejas tem mais hidrocarbonetos policíclicos, que podem causar câncer, que o ar respirado em ruas em que passam 45 mil carros por dia.

O nível de pequenas partículas poluentes sólidas (PM10) nas igrejas estudadas é 20 vezes maior que o permitido pelas regulamentações européias.

O estudo, feito por uma equipe da Universidade de Maastricht, na Holanda, foi publicado pelo European Respiratory Journal.

Riscos no Natal

Os pesquisadores acrescentam que o mês de dezembro, quando as igrejas acendem velas para o Natal, poderia trazer ainda mais riscos aos pulmões.

Acredita-se agora que a saúde respiratória é colocada em risco diante da chamada "poluição interior" dentro de casa, no trabalho e em outros espaços fechados.

A equipe holandesa decidiu verificar a qualidade do ar nas igrejas, já que elas são muito pouco ventiladas e têm velas e incensos queimando durante todo o dia.

Eles analisaram a concentração de partículas no ar de uma pequena capela e de uma grande basílica em Maastricht, após deixarem queimar as velas por bastante tempo e simularem um serviço religioso com o uso de incenso.

Os cientistas observaram que, após deixar as velas acesas por nove horas, o ar da igreja continha níveis de concentração de partículas PM10 de 600 a 1000 microgramas por metro cúbico – mais de quatro vezes o nível aferido antes da missa matinal.

Isso significa 12 a 20 vezes a média de concentração permitida pelos padrões europeus para um período de 24 horas.

Bar tem mais poluição que avenida congestionada, diz estudo

Deu na *Folha Online*. Setembro de 2004.

A atmosfera de bares e cassinos cheios de fumaça de cigarro tem 50 vezes mais partículas causadoras de câncer do que o ar de avenidas com grande movimento de caminhões no horário do "rush".

É o que diz estudo do biofísico norte-americano James Repace, da Universidade Tufts, em Boston. Ele foi o primeiro pesquisador a ligar o fumo passivo ao câncer de pulmão.

Nos oito locais avaliados pelo estudo, o nível médio de fuligem foi de 231 microgramas por metro cúbico de ar. Esse índice supera até mesmo o nível médio de poluição em um túnel no horário de grande congestionamento – 199 microgramas.

A pesquisa também revela que a simples proibição do fumo em ambientes fechados acaba com a concentração de partículas.

Marge Simpson "posa" para revista masculina

Deu no *Último Segundo*. Março de 2004.

A revista masculina britânica "Maxim" elegeu a sua próxima garota da capa: será Marge, da família Simpson.

A capa vai mostrar Marge esfregando o chão com um vestidinho sexy, como convém à revista. Além disso, terá uma imagem nas páginas internas que vai mostrá-la de cabelo solto esperando por Homer na cama.

A escolha inusitada vai ilustrar as capas de um terço de uma edição especial da revista, produzida com a ajuda dos desenhistas do desenho animado. As demais capas mostrarão a esquelética Paris Hilton.

Branca de Neve perde três anões em peça alemã por corte de custos

Deu na *Folha Online*. Dezembro de 2004.

A contenção de gastos levou um grupo teatral alemão a realizar uma montagem de "Branca de Neve e os Sete Anões" com apenas quatros dos anões tradicionais, informou hoje o jornal Hannoversche Allgemeine Zeitung.

A companhia teatral da cidade de Stendal, na região leste da Alemanha, disse que só poderia contratar seis atores para a montagem de Natal do famoso conto infantil, causando protestos no público que queria ver todos os personagens no palco.

O teatro Altmark Stendal afirmou que colocou dois bonecos no fundo do cenário com roupas a caráter para ter seis anões. O ator que fez o príncipe deveria também fazer o papel do sétimo anão, mas ele apenas fez uma pequena aparição no palco.

"O sétimo anão não estava no palco o tempo todo porque ele teve um trabalho extra na mina", afirmou a porta-voz do teatro, Susanne Kreuzer, ao jornal.

"Centuriões" ficam nus em protesto contra nova norma trabalhista

Deu no *Último Segundo*. Março de 2003.

Um grupo de "centuriões", artistas que imitam antigos romanos e que posam para fotos com turistas, tirou a roupa hoje, segunda-feira, nas imediações do Coliseu, num protesto contra o projeto da prefeitura de impor limites à atividade.

O insólito "streap-tease" de cerca de dez homens aconteceu hoje, ante os olhos atônitos de centenas de turistas que visitavam o monumento e que fotografaram a cena pensando que fazia parte de algum tipo de espetáculo.

No entanto, o protesto tinha pouco de festivo e nele foram exibidos cartazes contra a nova lei que a prefeitura deseja impor e que afeta todos os artistas de rua.

Entre os prejudicados estariam as pessoas que se disfarçam de antigos romanos em diversos pontos da Cidade Eterna, como o Coliseu, o Castelo de Sant'Angelo e os Foros Imperiais.

Jovem alemão morre engasgado com pipoca no cinema

Deu no *Último Segundo*. Janeiro de 2004.

Prenzlau (Alemanha) – Um jovem de 18 anos morreu por asfixia em um cinema de Prenzlau engasgado com a pipoca, informou nesta terça-feira o promotor responsável pela investigação do caso.

Depois da autópsia, as autoridades judiciais do país excluíram qualquer tipo de responsabilidade alheia na morte do jovem.

O jovem assistia ao filme "O Último Samurai", protagonizado por Tom Cruise, enquanto comia pipoca.

Ele se engasgou com um dos grãos e começou a tossir. Os espectadores e o médico que o atendeu posteriormente não puderam fazer nada para reanimá-lo. O jovem morreu no momento em que era levado de ambulância para o hospital.

Atletas olímpicos são afastados dos blogs

Deu no *Advillage*. Agosto de 2004.

Comitê Olímpico Internacional baixou uma regra que está causando polêmica em Atenas: proibiu atletas e treinadores de atualizar seus blogs ou qualquer outro tipo de site de notícias. O objetivo, explica o COI, é barrar o vazamento de informações sobre a pontuação e medalhas concedidas aos vencedores. Para o comitê, os esportistas não "devem fazer a vez de jornalistas", um direito que, afirma, "está garantido à impressa cadastrada pela organização". A regra é válida até o fim da competição, em 29 de agosto, e inclui postagem de qualquer imagem ou vídeo do evento.

Alemã grávida participa das Olimpíadas

Deu no *Globo Online*. Agosto de 2004.

Mesmo estando no oitavo mês de gestação, a arqueira alemã Cornelia Pfohl participará das Olimpíadas de Atenas. A atleta, que está em sua quarta Olimpíada consecutiva e tem uma medalha de prata e outra de bronze, vai disputar as provas de tiro com arco individual e por equipes. Será a primeira vez que uma mulher compete em um torneio olímpico estando no terceiro trimestre de gravidez. No entanto, chegar grávida a uma Olimpíada não é novidade para Pfohl. Quando ganhou a medalha de bronze por equipes, nos Jogos de Sydney, a alemã estava nas primeiras semanas de gravidez de sua filha Mara, hoje com três anos de idade.

"Não há problemas com a minha gravidez. Posso praticar tiro com arco, mas não posso nadar ou correr" – contou Pfohl.

A atleta, que nunca tinha estado em Atenas, diz que está gostando da cidade e faz planos de voltar para casa com outra medalha olímpica no peito.

"Já estive na Grécia, passando férias no Peloponeso, mas o estilo de vida em Atenas é diferente. Eu gostaria de conquistar outra medalha olímpica e vou tentar fazer isso" – afirmou a arqueira.

O resultado mais famoso que uma mulher grávida já alcançou em Olimpíadas foi a medalha de bronze que a saltadora americana Juno Irwin conquistou em 1952, durante o quarto mês de gestação.

Homens disputam festival de carregamento de mulheres

Deu no UOL. Outubro de 2003.

Atravessar um percurso acidentado com a mulher nas costas no menor tempo possível. O inusitado esporte existe, e é conhecido pelo singelo nome de "carregamento de mulher".

Dezenas de casais resolveram reafirmar seu amor neste sábado ao participar do 4° campeonato norte-americano da categoria, disputado em Newry, no interior dos Estados Unidos.

Na competição, as duplas são livres para escolher a melhor forma de carregar seu parceiro. Mas os mais experientes dão a dica: a maneira mais eficiente é conhecida como "método estoniano", e consiste em colocar a mulher de cabeça para baixo, segurando o homem pela cintura. A posição pouco ortodoxa se justifica – com as mãos livres, o homem tem mais facilidade para vencer os obstáculos.

Derrubar a parceira no chão custa pontos à dupla, além de levar a um tremendo problema conjugal.

O prêmio? O peso da mulher em latinhas de cerveja e o direito de disputar o Mundial da Finlândia.

Rádio alemã oferece 1 milhão de euros por gol contra do Bayern

Deu no *Último Segundo*. Março de 2004.

Berlim – Uma proposta inusitada criou um grande debate antes da partida de sábado do Campeonato Alemão entre o Hertha Berlim e o atual campeão alemão Bayern de Munique.

A estação de rádio de Berlim ofereceu 1 milhão de euros para qualquer jogador do Bayern que marcasse um gol contra na partida. O time de Berlim ocupa a penúltima posição da competição.

Os dirigentes do clube chamaram a idéia da rádio 104,6 RTL de ridícula e de mau gosto, mas os jogadores do Bayern ironizaram a proposta.

"Vamos ver quem pode fazer isso", brincou o meia Bastian Schweinsteiger. "Talvez Roy Makaay. Ele é o nosso artilheiro."

Outro candidato pode ser o meia Michael Ballack. A única vez que ele marcou um gol contra foi na vitória do Bayern por 6 x 3 sobre o Hertha na última temporada.

A Liga de Futebol da Alemanha criticou a rádio, afirmando que: "O Campeonato Alemão está sendo prejudicado por essa oferta de uma rede que normalmente nem cobre os jogos do Hertha. Consideramos isso imoral e dessa forma nulo e inválido."

O Bayern está em segundo lugar no Alemão, nove pontos atrás do líder Werder Bremen, faltando 10 jogos para o fim do campeonato, e precisa da vitória para manter suas esperanças de ficar com o título.

Portugal se empolga com *strip-tease* e vence na estréia

Deu no *Último Segundo*. Setembro de 2004.

Portugal começou a sua participação nas Eliminatórias da Europa com uma boa vitória por 2 a 0 sobre a Letônia, em Riga, neste domingo. O jogo foi válido pelo Grupo 3. A partida foi marcada por um fato inusitado no segundo tempo, quando o jogo estava 0 a 0. Uma bela torcedora invadiu o campo e tirou a roupa. Cristiano Ronaldo e Pauleta marcaram os gols portugueses, que aconteceram num intervalo de um minuto.

O primeiro tempo foi morno, com os times se estudando e poucas oportunidades de gol. Com isso, as emoções ficaram para a segunda etapa. Mas o agito só começou mesmo a partir dos dez minutos, quando uma morena de parar o trânsito entrou em campo e tirou a roupa, ficando só com uma calcinha vermelha, a cor da camisa da Letônia. Provocando uma ovação do estádio.

Do banco de reservas, Luiz Felipe Scolari gargalhava com o *strip-tease* inusitado da bela moça da Letônia. O espetáculo da morena parece ter acordado Portugal. Dois minutos depois, numa bate-rebate dentro da área, Cristiano Ronaldo ficou com a sobra e completou para a rede, fazendo 1 a 0.

Inglês faz três gols em 140 segundos

Deu no *Jornal de Brasília*. Fevereiro de 2004.

O atacante James Hayter marcou três gols em 140 segundos na goleada de 6 x 0 que o seu time, o Bournemouth, aplicou no Wrexham pela segunda divisão inglesa. O curioso é que o atacante entrou em campo faltando seis minutos para o fim do jogo e foi orientado para segurar o placar. "Sinto algo incrível por ter feito três gols em tão pouco tempo", disse o atleta, de 24 anos. Apesar do feito, Hayter não superou o recorde mundial. No Guinness Book, a marca é do argentino Eduardo Maglioni, com três gols em 1min50s jogando pelo Independiente contra o Gimnasia La Plata, em 1973.

Goleiro faz gol de sua própria meta na Espanha

Deu no *Último Segundo*. Abril de 2003.

Um lance curioso marcou a rodada deste fim de semana da segunda divisão B da Espanha.

Iñaki Cacho, goleiro do Peralta, marcou um gol de sua própria meta na partida contra o Zaragoza B. Ao todo, a bola percorreu 106 metros antes de entrar na meta adversária. Cacho, que já havia marcado alguns gols de pênalti em temporadas anteriores, fez seu primeiro de bola rolando. Tudo que ele conseguira até então foram chutes que passaram perto da baliza adversária. Para ele, vários fatores contribuíram para o lance que considerou inusitado:"Chutei muito forte do meu gol, havia bastante vento, o campo estava um pouco úmido, a bola deve ter quicado na linha da área, encobrindo o goleiro adversário, que na minha opinião não estava mal colocado". No entanto, o goleiro-artilheiro disse que o gol será apenas um feito para contar aos netos, já que o Peralta acabou derrotado por 7 a 3. Aliás, o goleiro acabou conquistando outra marca inédita em sua carreira. "Lembro-me de ter levado quatro gols em uma partida, mas sete, nunca".

Itália proíbe pintar pêlo de gato ou deixar animal no carro sob o sol

Deu na BBC *Brasil*. Outubro de 2004.

Roma – Numa cidade italiana, as lagostas têm direitos civis e os canários devem ter parceiros sentimentais. São exemplos de leis que têm pipocado no país para garantir que os bichinhos de estimação sejam respeitados. A mais rígida entrou em vigor em toda a Itália há pouco mais de um mês, prevendo prisão e multa de mais de R$ 500 mil para quem maltratar um animal. Até mudar a cor dos pêlos dos gatos ou deixá-los no carro sob o sol, por exemplo, são atos considerados como maus-tratos.

A nova lei foi motivada pelo estranho hábito dos italianos de abandonar todos os anos nas ruas cerca de 150 mil cachorros e 200 mil gatos, sem se preocupar com o fato de que 85% deles acabam morrendo atropelados, de fome ou de sede.

Comoção

Aprovada pelo Congresso, a iniciativa tem estimulado uma espécie de "comoção nacional".

Na televisão, os comerciais chamam de "bastardos" os proprietários que dispensam seus mascotes. Nos principais jornais, reportagens sobre cães e gatos encontrados e salvos da morte são freqüentes.

Em Imperia, no norte do país, a morte recente de seis hamsters e um porquinho-da-índia, que caíram de um prédio numa rua movimentada e foram atropelados, abalou a cidade.

Sem saber quem era o culpado, a polícia estudou a trajetória da queda e chegou ao apartamento de um aposentado.

O homem alega que os bichinhos caíram acidentalmente, quando estava varrendo a sacada. Se for condenado, poderá pegar até 18 meses de prisão.

Estresse e obesidade aumentam em bichos de estimação

Deu na BBC *Brasil*. Outubro de 2004.

Animais de estimação estão ficando cada vez mais gordos e estressados, de acordo com uma pesquisa realizada na Grã-Bretanha.

O estudo encomendado pela seguradora More Than concluiu que quase 80% dos veterinários do país estão atendendo mais casos de animais obesos, um fenômeno atribuído à falta de exercício e a uma dieta exagerada e desequilibrada.

Um quarto dos bichos sofre de estresse, hiperatividade e depressão, enquanto 60% dos veterinários dizem estar tratando mais casos de diabetes e artrite.

Família alemã cria enguia em banheira por 33 anos

Deu na *Folha Online*. Janeiro de 2003.

Uma família alemã mantém uma enguia viva na banheira de sua casa há 33 anos, e até treinou o animal a nadar em um balde quando alguém precisa tomar banho.

"Ela é parte de nossa família", disse Hannelore Richter, de Bochum, oeste da Alemanha, cujo marido Paul pegou a enguia durante uma pescaria em 1969 e a levou para casa para o jantar.

Os filhos se apaixonaram pela enguia e não deixaram o pai matar e cozinhar o animal, que desde então vive na banheira. Tomava banho com as crianças quando elas eram pequenas e até mudou de casa com a família, informaram os jornais alemães.

"É uma situação estranha", disse zoólogo Walter Gettmann. "Ela certamente perdeu as habilidades necessárias para sobreviver no meio selvagem. Mas, se for alimentada corretamente, pode sobreviver em uma banheira."

Polícia alemã é acionada para tirar hamster preso em impressora

Deu em *O Globo Online*. Março de 2004.

Um hamster chamado Teddy mobilizou uma operação de resgate da polícia alemã depois de cair dentro de uma impressora de computador. O rato, que ficou entalado por ser muito gordo, não conseguia sair da máquina, disseram autoridades nesta quarta-feira.

"Diferentemente de seus hábitos normais, Teddy caiu dentro de uma impressora de computador e não conseguiu sair devido à sua corpulência", disse a polícia da cidade de Flensburg em um comunicado, acrescentando que no início os oficiais pensaram que se tratava de uma brincadeira.

Para a sorte de Teddy, um vizinho de seu dono conseguiu retirá-lo da impressora, e a polícia acabou perdendo a viagem.

Gato ataca piloto e obriga tripulação a voltar a aeroporto

Deu no UOL. Agosto de 2004.

Co-piloto é ferido após invasão da cabine; avião é forçado a retornar ao aeroporto. O quê? Está achando que foi algum ataque terrorista? Tentativa de seqüestro? Que nada! O responsável pela manchete acima foi um gato cinzento chamado Gin.

A presepada aconteceu durante um vôo da SN Brussels Airlines entre Bruxelas, na Bélgica, e Viena, na Áustria. O bichano, um campeão em concursos felinos de beleza, escapou de sua gaiola e começou a andar pela cabine de passageiros cerca de 20 minutos após o avião ter decolado.

O gato conseguiu entrar na cabine enquanto uma comissária de bordo servia o almoço para os pilotos. Segundo um porta-voz da companhia, o animal assustado estava "muito agressivo e arranhou o co-piloto", obrigando a tripulação a voltar para o aeroporto.

Urso tenta 'fuga espetacular' de zoológico alemão

Deu na BBC. Agosto de 2004.

Após ter "remado" por uma fossa usando um pedaço de madeira como balsa improvisada, o urso, conhecido como "Juan, o andino", escalou uma parede.

Pais e mães presentes no zoológico entraram em pânico quando Juan se dirigiu ao playground do local. Em seguida, o urso pegou uma bicicleta e teria tentado montar nela, mas acabou não sendo bem-sucedido.

Pouco depois, guardas do zoológico conseguiram encurralá-lo usando vassouras. Um deles deixou o animal inconsciente, após usar uma pistola contendo um tiro com tranqüilizante.

Pânico

Segundo Heiner Kloes, o diretor do zoológico, a espécie a que pertence Juan – conhecida como urso-de-óculos, devido às manchas que possui no rosto – come tanto vegetais como carne.

Mas Kloes disse não que não havia risco de morte com a fuga do urso. "Ficaria bem mais preocupado se um de nossos ursos polares tivesse escapado."

O diretor comentou, no entanto, ter ficado alarmado com o fato de que "alguns pais estavam mais ocupados em filmar o urso do que em conferir onde estavam seus filhos".

A tentativa de fuga de Juan foi a segunda registrada no zoológico desde junho do ano passado, quando um gorila quase escapou ao escalar uma cerca.

Gato vira-lata ganha fortuna de viúva em Londres

Deu no *New York Times*. Maio de 2003.

Um gato vira-lata garantiu uma vida de conforto depois que uma viúva idosa deixou para ele uma herança que inclui sua casa e um fundo responsável por mantê-lo bem.

Margaret Layne, 89, deixou uma casa no valor de 350 mil libras (US$ 562 mil) e um fundo de 100 mil libras para o gato Tinker, informa a edição do jornal *Times*.

A viúva, que não tinha filhos, deixou claro em seu testamento que Tinker, que viveu quase toda sua vida na casa de Margaret, não deveria ser abandonado novamente.

Desde a morte da viúva, Tinker, que tem oito anos de idade, ganhou dois parceiros na casa de três quartos em Harrow (norte de Londres); outros dois gatos: Lucy e Stardust.

Quando Tinker morrer, a propriedade ficará com ex-vizinhos de Margaret, segundo o *Times*.

Piranha é encontrada por pescador em rio holandês

Deu na ANP. Agosto de 2004.

Haia – Um pescador holandês pegou uma piranha, um peixe típico das águas do rio Amazonas, no norte do seu país, informou nesta terça-feira a agência de notícias ANP. Em um primeiro momento, o pescador, identificado como P. Scholte, não sabia que tipo de peixe tinha tirado da água. "Pensei que era um robalo", disse à ANP. Tirou várias fotos do peixe e colocou-o de volta na água.

Outro pescador lhe disse depois que se tratava de uma piranha, o que foi confirmado com um busca na internet. As piranhas podem alcançar até 60 centímetros de comprimento e vivem normalmente nos rios da América do Sul.

Dieta para emagrecer pode ter efeito contrário, diz estudo

Deu na BBC. Junho de 2004.

Muitas pessoas na Grã-Bretanha ganham mais peso do que perdem quando fazem dieta, descobriram pesquisadores.

Um terço das pessoas pesquisadas disseram que acabam mais gordas do que eram poucas semanas depois de iniciar o regime para emagrecer.

Um quinto dos que disseram recuperar os quilos perdidos admitiram ganhar o equivalente a 6,35 quilos ou mais.

A Associação Dietética Britânica, que encomendou a pesquisa que incluiu 4 mil pessoas, culpou as dietas da moda pela tendência conhecida como "sanfona".

Governo britânico quer impedir estuprador de receber prêmio

Deu em *O Popular de Goiás*. Agosto de 2004.

O governo britânico estuda uma maneira de obrigar que o prêmio de US$ 13 milhões que um homem condenado por estupro ganhou na loteria seja destinado a suas vítimas. O secretário de Assuntos Internos, David Blunkett, disse que fará o possível para que Iorworth Hoare, de 52 anos, e sua família não recebam um único centavo e para que situações como essa não se repitam. "Vou conversar com a Comissão de Loteria e com colegas do gabinete para ver se podemos encontrar um meio de impedir que isso aconteça de novo."

A secretária de cultura, Tessa Jowell, confirmou a intenção do governo de intervir na situação esdrúxula. "O que podemos fazer, em um caso muito específico como esse, é intervir e dizer que alguém nessas circunstâncias, que é um prisioneiro condenado, não pode receber prêmios de loteria, que esses ganhos devem ir, em vez disso, para o benefício das vítimas."

Hoare, que já havia cumprido pena por estupro, tentativa de estupro e assédio sexual, estava perto de cumprir uma outra pena por tentativa de estupro, depois de preso em 1989.

Ele já tinha permissão de passar o fim de semana fora da cadeia e, numa dessas ocasiões, apostou na Lotto Extra, um tipo de Mega Sena britânica.

Por questões de segurança, depois de ganhar o prêmio, Hoare foi transferido para uma prisão de segurança máxima.

Blair sofre ataque insólito

Deu no *Jornal do Brasil*. Maio de 2004.

Londres – A Câmara dos Comuns foi esvaziada ontem, depois que dois manifestantes jogaram um pó roxo no ombro do primeiro-ministro britânico, Tony Blair.

A tradicional e acalorada sessão de quarta-feira, quando o premier responde às perguntas dos parlamentares, foi imediatamente suspensa pelo presidente da Câmara, Michael Martin. Além de Blair, o pó atingiu o vice-premier, John Prescott, e o ministro da Economia, Gordon Brown. Dois homens, de 50 e 36 anos, foram detidos pela segurança do prédio.

A organização Fathers 4 Justice (Pais pela Justiça) reivindicou o protesto, através de seu porta-voz, Matt O'Connor. O ativista disse que o objetivo era chamar a atenção para a "falha" de Blair em "ajudar os pais divorciados a ganhar acesso a seus filhos na Justiça".

O incidente aconteceu cinco semanas depois da instalação de uma vitrine de segurança, avaliada em quase um milhão de euros, que isola a tribuna reservada ao público.

Oficiais franceses perdem explosivos falsos durante treino em aeroporto

Deu na BBC *Brasil*. Dezembro de 2004.

Explosivos plásticos foram embarcados por engano em um avião no aeroporto Charles de Gaulle, em Paris, depois que seguranças perderam o material de vista durante um exercício, de acordo com a polícia local.

Cerca de 150 gramas de explosivos foram escondidos na mala de um passageiro durante o treinamento de cães farejadores no aeroporto.

A mala acabou sendo embarcada em um dos 90 vôos que partiam do aeroporto naquela hora, e a polícia iniciou uma operação para tentar localizá-la.

As autoridades destacaram, no entanto, que os explosivos não eram "mais perigosos do que uma barra de chocolate". Mesmo assim, companhias aéreas, aeroportos e forças policiais em todo o mundo foram alertados.

O exercício era um treinamento de rotina que deu errado, uma gafe, mas, de acordo com a polícia francesa, sem nenhum perigo.

Cientista diz ter criado clone usando tecido de mortos

Deu na BBC. Agosto de 2004.

O cientista Panos Zavos, que mora nos Estados Unidos, disse em entrevista coletiva em Londres, nesta terça-feira, que criou um embrião clonado utilizando tecido de pessoas mortas.

Zavos disse que teve êxito ao combinar o material genético de três pessoas mortas com óvulos bovinos para obter embriões que eram uma cópia idêntica dos mortos.

Mas especialistas da Royal Society – uma respeitada academia britânica para promover o alto padrão das pesquisas científicas – disseram que "faltam provas" do que Zavos disse ter conseguido.

Zavos foi acusado ainda de explorar a vulnerabilidade de pessoas que perderam entes queridos.

O cientista fracassou em suas tentativas de clonar um ser humano em janeiro.

Lei francesa poderá proibir barbas e bandanas na escola

Deu em O *Estado de S.Paulo*. Outubro de 2003.

Paris – A batalha francesa para manter a religião fora das escolas entrou em novo território, depois que um ministro do governo levantou a questão da proibição do uso de barbas e bandanas nas escolas, como corolário da proibição dos véus islâmicos, quipás judaicos e cruzes cristãs. Lideranças muçulmanas criticaram a nova proposta, considerada "absurda" até mesmo por educadores.

O novo desdobramento no debate da proibição de símbolos religiosos nas escolas surgiu na terça-feira, quando o ministro da Educação Luc Ferry disse que o plano proposto poderia ser entendido como um veto a símbolos menos evidentes, como pêlos faciais e a discreta bandana que algumas mulheres islâmicas usam como alternativa ao véu.

O comentário de Ferry foi feito durante um debate no Parlamento sobre as palavras exatas da lei que proibirá os símbolos religiosos. Legisladores se perguntavam se deveriam ser proibidos os símbolos "evidentes" ou os "visíveis".

A interpretação de Ferry chocou os franceses. "Esse exercício tornou-se absurdo. Totalmente absurdo", disse Daniel Robin, presidente do maior sindicato francês de professores secundários. Os professores é que terão de fiscalizar a aplicação da lei.

É proibido lamber os pés alheios

Deu no *Jornal de Brasília*. Agosto de 2004.

O Partido Trabalhista da Holanda quer aprovar uma lei para transformar em ofensa o inusitado ato de lamber os dedos dos pés de alguém sem pedir licença. Tudo porque a polícia não conseguiu condenar um candidato a Casanova com um fraco por pés femininos por não poder provar que isso era um crime. Um porta-voz do partido disse, na sexta-feira, que o homem foi detido depois que mulheres que estavam tomando sol nas praias e parques de Roterdã reclamaram que ele as tinha surpreendido e lambido os dedos de seus pés. As autoridades tiveram de liberá-lo. "Lamber os dedos dos pés de estranhos não é comum, mas não há nada de criminoso nisso", disse o porta-voz. Segundo reportagens publicadas pela imprensa holandesa, o homem, de 35 anos, lambe os pés de estranhos há três anos, mas só recentemente foi detido pela polícia.

Scotland Yard investiga fraude milionária em cassino de Londres

Deu no *Último Segundo*. Março de 2003.

Um cassino de luxo no hotel Ritz de Londres, uma loura muito atraente e um sofisticado dispositivo capaz de adivinhar o número ganhador da roleta. Parece uma aventura de James Bond, mas pode ser uma fraude milionária nas mãos da Scotland Yard.

Cerca de dois milhões de euros podem ter desaparecido de forma muito suspeita do cassino do hotel Ritz, onde príncipes árabes e "playboys" de reputação internacional esbanjam sua fortuna, entre outros clientes da alta sociedade.

Alertados pelo Ritz, os agentes da Scotland Yard prenderam há poucos dias uma "bonita e elegante" mulher húngara de 32 anos e seus supostos cúmplices, dois homens sérvios de 38 e 33 anos.

Os investigadores acham que o trio pode ter escondido nos celulares um escâner a laser capaz de adivinhar, com grande probabilidade de acerto, onde vai cair a bola no jogo de roleta.

Aparentemente, o curioso artefato, que lembra os dispositivos do agente 007 em suas peripécias cinematográficas, pode ser utilizado para calcular a velocidade da bola e os números nos quais vai parar em cada jogada.

Uma vez que se mede a velocidade da bola, o escâner envia a informação a um computador que analisa milhares de combinações simuladas e este, por sua vez, devolve ao telefone celular do jogador dados sobre o lugar no qual é mais provável que caia a bola. Enquanto o aparelho termina seus cálculos, o jogador dispõe ainda de vários segundos para fazer sua aposta antes de o crupiê encerrá-las.

A misteriosa loura húngara e seus dois acompanhantes despertaram suspeitas há uma semana, quando visitaram o cassino do Ritz, um dos mais seletos do mundo, e embolsaram em torno de 150 mil euros.

No dia seguinte, o trio voltou ao estabelecimento, tentou a sorte e – surpresa! – voltou a ganhar. Nesse caso, embolsaram nada menos que quase 1,8 milhão de euros, a maior parte paga com um cheque e o resto em moedas.

Tanta fortuna em apenas dois dias fez os gerentes do cassino suspeitarem e chamarem a polícia depois de observar várias imagens das mesas filmadas por suas câmeras de segurança.

Golpista tenta vender licença para usar "@" na web

Deu na *Folha Online*. Agosto de 2004.

Os golpistas virtuais conseguiram se superar. Depois de oferecer todo tipo de produto – de empréstimos a pílulas para dormir – e inventar todo tipo de desculpa, os fraudadores estão apostando na ingenuidade dos internautas para ganhar dinheiro.

Está circulando na web, principalmente em servidores europeus, um e-mail que afirma que os usuários devem pagar uma taxa de US$ 10 (ou € 10) para usar o sinal "@", usado sempre que alguém envia um e-mail. E, claro, não há taxa alguma para usar o sinal.

"Aqui é o detentor dos direitos autorais do símbolo @. Essa é a sua licença de 2004 para a comunicação via Internet e E-Mail. O uso particular anual custa US$ 10 ou € 10 em taxas de licenciamento", diz a mensagem.

O autor da fraude digital diz ser da "International Network", ou "Internet". A taxa de US$ 10 dá direito a usar @ por um ano. Como o fraudador é generoso, ele dá um desconto para quem comprar a licença por dois anos: ela sai por US$ 18. Ele pede que os depósitos sejam feitos em uma conta bancária alemã.

Viciados fora do exército

Deu na *Reuters*. Julho de 2004.

O exército da Finlândia está reconhecendo um mal dos tempos modernos e resolveu dispensar 6 soldados que são viciados em internet e não conseguiam cumprir as tarefas dadas a eles. Apesar de dispensados, os soldados devem fazer tratamento e voltar depois de três anos para o serviço obrigatório de seis meses. Segundo fontes do exército finlandês, nestes três anos "provavelmente os soldados vão crescer e deixar de ser tão viciados na web". Pode ser que sim... ou não.

Jovem é responsável por 70% dos vírus de 2004

Deu no *IDH Now!* Julho de 2004.

A Sophos divulgou nesta quinta-feira que aproximadamente 70% de toda a atividade viral no primeiro semestre de 2004 está ligada a um único homem. Na verdade, um adolescente. Sven Jaschan, 18, o autor confesso dos vírus Sasser e Netsky, que foi preso no início de maio pela polícia alemã em sua residência, na vila de Waffensen, norte da Alemanha.

Segundo a Sophos, apenas duas variantes de vírus, Sasser e Netsky-P, já representam 50% de toda a movimentação de vírus na internet nos seis primeiros meses deste ano. Se forem contabilizadas as outras 24 versões do Netsky, o volume cresce para cerca de 70%.

A prisão de Jaschan ocorreu após a denúncia de um amigo do adolescente às autoridades alemãs. Na época, a Microsoft trabalhava em conjunto com oficiais de segurança dos EUA, entre eles o FBI e o Serviço Secreto norte-americano, além de oferecer US$ 250 mil para quem fornecesse informações que levassem à captura do autor da praga.

O vírus Sasser, considerado o pior do primeiro semestre de 2004, contaminou computadores pessoais pelo mundo inteiro, além de companhias e instituições, como o governo sul-africano, os correios de Taiwan, o sistema do FGTS, American Express e o banco Citibank.

"Bluejacking", um trote high-tech, é a nova mania britânica

Deu na BBC. Janeiro de 2004.

O sujeito, dentro de um tranqüilo vagão de trem falava em alto e bom som no seu celular quando recebeu, no próprio telefone, uma mensagem de texto alarmante: "Por favor, desligue o seu celular, este é um vagão silencioso. Caso contrário, o cobrador vai lhe aplicar uma multa."

Constrangido, o conversador deixou o papo morrer enquanto, a poucos assentos do dele, o executivo da TDK Systems, Nick Hunn, de 48 anos, saboreava a sua vingança com um discreto sorriso.

Isso é "BlueJacking" – um trocadilho em inglês com as palavras Bluetooth e hijacking (seqüestro) –, a última mania entre os britânicos ligados em acessórios high-tech.

"O mais legal é ver a expressão de surpresa no rosto das pessoas que recebem uma mensagem inesperada sem saber quem mandou", diz a adolescente Ellie, de 13 anos, que chegou a criar um site sobre o prazer de "bluejaquear".

Bluetooth

Os "bluejackers" usam os seus celulares de última geração equipados com a tecnologia Bluetooth, que utiliza ondas curtas de rádio para transmitir informações, para enviar mensagens anônimas e gratuitas.

O celular com Bluetooth é capaz de rastrear as suas imediações e detectar equipamentos compatíveis. Então, basta escolher um deles e enviar as mensagens usando a função criada para passar cartões de visita entre celulares.

Qualquer usuário incauto de celulares com Bluetooth é uma vítima potencial da nova modalidade de "seqüestro".

Os melhores locais para isso são estações de trem, metrô e shoppings – qualquer lugar com grandes aglomerações – e as utilidades podem ser variadas.

"Para azarar é ótimo. Se você está de um lado da rua e vê alguém interessante com um celular com Bluetooth do outro, é só mandar um torpedo dizendo que gostou dele ou algo assim", diz Jelly Ellie.

Jovem britânico usa internet para convencer amigo a matá-lo

Deu no *Diário do Grande* ABC. Maio de 2004.

Um adolescente britânico convenceu um amigo a matá-lo, fazendo-se passar por um espião, no que parece ter sido uma tentativa de suicídio, utilizando um fórum de discussão na internet.

B conheceu A neste fórum e, depois, trocaram e-mails, nos quais A dizia ser um espião, de acordo com informações divulgadas na sexta-feira durante o julgamento em Manchester (Grã-Bretanha).

O adolescente B conseguiu convencer o novo amigo a matá-lo, propondo-lhe dinheiro e relações sexuais. Em 29 de junho de 2003, A seguiu as instruções de B "ao pé da letra" e o apunhalou no tórax e na barriga. B sobreviveu, mas ficou uma semana no hospital.

Italiano morre ao visitar obras do próprio túmulo

Deu na *Folha Online*. Setembro de 2002.

O italiano Giovanni Greco, 63, morreu no fim de semana ao visitar as obras do próprio túmulo em Lascari, na Sicília (sul da Itália).

Greco estava construindo o túmulo e, para assegurar o bom andamento da obra, ia regularmente ao cemitério para monitorar o trabalho dos pedreiros.

De acordo com a imprensa local, ele subiu em uma escada para ter uma melhor visão do túmulo quando escorregou, bateu com a cabeça em um degrau de mármore, e caiu morto dentro de sua própria cova.

Pobres e sem-teto ganham guia para viver em Roma

Deu na *Folha Online*. Janeiro de 2003.

O Coliseu e a fonte de Trevi nem sequer são mencionados num livro-roteiro de Roma que está vendendo como água. No lugar disso, o pequeno volume de bolso é um guia de sobrevivência para pessoas sem-teto na Cidade Eterna.

Cerca de 5 mil sem-teto vivem na capital italiana, e até 50 mil de seus habitantes – especialmente idosos e deficientes físicos – dependem da ajuda de outras pessoas para viver, de acordo com a organização beneficente religiosa Sant'Egidio, responsável pelo livro.

A edição de 2003 de "Onde Comer, Dormir e Tomar Banho", que recebeu o apelido de "Guia Michelin de Roma para os Pobres", informa aos sem-teto onde podem encontrar abrigos, cantinas que servem sopa gratuita, banheiros públicos e serviços de saúde gratuitos.

A demanda do livro, lançado em 1990, vem aumentando vertiginosamente. A primeira edição teve apenas 2.000 cópias, mas este ano foram impressos 13 mil exemplares desta "Bíblia" de 148 páginas, destacando 760 locais que prestam assistência e serviços aos necessitados.

"O livro contém os segredos da sobrevivência em Roma", disse Mario Marazziti, porta-voz da comunidade Sant'Egidio. "Devido à crise econômica, cada vez mais pessoas estão caindo para trás da linha de pobreza."

Ele também dá dicas de onde se pode lavar roupas, conseguir um livro para ler e ter aulas gratuitas de línguas, já que muitos dos necessitados de Roma são imigrantes.

Telejornal com apresentadores nus chega à TV britânica

Deu em *O Estado de Minas*. Agosto de 2004.

Para quem espera de um telejornal a verdade nua e crua, o programa Naked News ("Notícias Nuas", em português), que estréia na próxima semana em uma TV britânica, vai além. Nele, enquanto lêem as notícias, os apresentadores vão tirando a roupa. Nesse espírito, o programa foi lançado nesta quarta-feira, em frente ao Parlamento britânico, contando com a presença dos apresentadores. Todos nus, é claro.

Inspirado em um programa russo, o Naked News fez sua estréia na internet em 1999, em Toronto, no Canadá, e rapidamente atingiu a marca de seis milhões de espectadores por mês. Pouco depois, começou a ser transmitido pelo sistema pay-per-view até que, pressionado por uma série de queixas, foi transferido para o canal Sex TV, de menor audiência.

Segundo informações da equipe do programa, o Naked News tem audiência semanal de 34 milhões de pessoas nos Estados Unidos. No programa da internet, trabalham homens e mulheres, mas na versão televisiva só há apresentadoras. A edição britânica será transmitida pelo canal pago Get Lucky TV, que tem 7 milhões de assinantes na Grã- Bretanha e Irlanda. Para Lucas Tyler, produtor do programa, a estréia no Reino Unido é um avanço no esforço em conseguir mais mercados.

Alemã processa vizinho por barulho de sexo

Deu na *Folha Online*. Fevereiro de 2004.

Uma alemã processou seu vizinho por poluição sonora depois que ela não conseguiu dormir durante várias noites com os barulhos de sexo produzidos no apartamento dele, disse hoje uma porta-voz do tribunal.

"Quatro horas de barulhos de sexo. O que eu deveria pensar? Eram gemidos e pancadas", afirmou a mulher ao juiz.

A mulher declarou a juízes de Berlim que seu vizinho Andreas G., 25, atrapalhava seu sono.

Andreas afirmou que sua vizinha de 26 anos já havia reclamado anteriormente, mas ele não se sentiu obrigado a responder. "Eu posso fazer sexo o quanto eu quiser e tão alto quanto eu quiser."

O juiz arquivou o caso ao saber que o homem havia se mudado do apartamento.

Britânico pobre usa embalagem como camisinha, diz ONG

Deu na BBC. Fevereiro de 2004.

Não é incomum a prática entre adolescentes sem dinheiro na Grã-Bretanha de usar embalagens de batata frita ou filme plástico como preservativos, segundo a ONG Family Planning Association.

Especialistas na área dizem que a improvisação não só é inútil como contraceptivo, mas também não previne contra doenças sexualmente transmissíveis.

O consultor Peter Greenhouse, da Family Planning Association, uma ONG que promove educação sexual no país, disse que "isso acontece porque as pessoas estão desesperadas".

A associação pede que o governo libere mais dinheiro para distribuir preservativos.

Funcionários doam esperma para pagar dívidas de empresa

Deu no UOL. Novembro de 2002.

A ARO Campulung, fabricante de carros da Romênia, encontrou uma maneira inusitada de juntar dinheiro para pagar suas dívidas, que somam US$ 20 milhões. Os 1.000 funcionários da empresa vão doar esperma durante diversos meses, ao preço de US$ 50 a dose.

"Nosso estudo de praticabilidade mostra que, se 1.000 funcionários doarem esperma durante diversos meses, poderemos obter recursos suficientes para pagar parte das dívidas da empresa", disse Ion Cotescu, líder sindical da ARO Campulung, à ProTv.

Ele afirmou que a decisão foi tomada depois que reportagens da mídia local informaram que uma clínica de fertilidade na cidade de Timisoara oferecia US$ 50 por dose.

Cotescu disse que o esquema de doação de esperma também se soma a um protesto contra a autoridade de privatização do governo, a Apaps, que não conseguiu encontrar um investidor estratégico para a companhia.

"Eles sempre nos disseram para chegar a uma solução. Agora, encontramos uma que mesmo os melhores economistas nunca imaginaram. Espero que a Apaps a aprove", afirmou ele.

Justiça sueca obriga doador de esperma a pagar pensão a filhos

Deu no UOL. Junho de 2002.

Um sueco de 36 anos teve negada a sua apelação contra a decisão de que deveria pagar pensão a três crianças geradas com a doação de seus espermas a um casal de lésbicas, anunciou um tribunal nesta quinta-feira.

O casal de lésbicas se separou e a mulher que deu à luz a três filhos, agora com 10, 8 e 6 anos de idade, pediu ajuda financeira ao escritório de assistência social.

O escritório garantiu a ela uma ajuda de 265 dólares mensais e pediu ao doador do esperma, Igor Lehnberg, que pagasse a conta, por ser o pai biológico das crianças.

Lehnberg apelou da decisão, já que, segundo a legislação sueca, um doador de esperma não é considerado legalmente o pai da criança concebida com a ajuda de seu sêmen e nunca manteve relações sexuais com a mãe dos três filhos.

O tribunal de apelações decidiu que Lehnberg deve pagar a pensão, por ele ter confirmado ser o doador para explicar às crianças a origem delas. Geralmente, os doadores de esperma na Suécia permanecem no anonimato.

Erro na fecundação *in vitro*: o pai biológico é o pai legítimo

Deu no *Último Segundo*. Fevereiro de 2003.

Londres – O pai biológico, negro, de dois gêmeos nascidos numa família branca, devido a um erro de manipulação durante uma fecundação in vitro, foi considerado o pai legítimo dos meninos, mas não terá direito ao pátrio poder, decidiu nesta quarta-feira a justiça britânica.

O veredicto cria jurisprudência: os pais legítimos de uma criança fruto de procriação assistida passam a ser considerados o pai e a mãe biológicos.

O assunto gerou um amplo debate em julho passado: um casal branco, o senhor e a senhora A, que não podem ser identificados por motivos legais, tiveram gêmeos mestiços, depois de se submeterem a um tratamento contra a infertilidade no hospital de Leeds, norte da Inglaterra.

Museu dedicado ao pênis procura doador

Deu na *Folha Online*. Setembro de 2002.

Um museu de Reykjavik, na Islândia, está precisando de uma doação no mínimo inusitada: um pênis humano. O Museu Falológico da Islândia é, provavelmente, o único do mundo dedicado ao órgão sexual masculino.

Fazem parte do acervo cerca de cem pênis pertencentes a 42 espécies de mamíferos terrestres e marinhos encontrados no país.

Mas só há poucas semanas o museu recebeu autorização legal para poder exibir um exemplar humano.

Jovem mata colega de quarto em hospital por causa de roncos

Deu na *France Presse*. Agosto de 2004.

Berlim – Um homem supostamente desequilibrado confessou hoje, em Berlim, ter matado seu colega de quarto porque ele roncava muito alto e não o deixava dormir, informou a polícia local.

O homem, de 26 anos, disse ao serviço psiquiátrico do hospital em que estava internado que asfixiou com um travesseiro o paciente, de 94 anos, com quem dividia o quarto. Ele disse que os altos roncos do outro paciente o incomodavam muito. A investigação confirmou a morte por asfixia.

Ao ser interrogado pela polícia, no entanto, o autor do crime não repetiu sua confissão.

Preso um Papai Noel alemão que traficava heroína

Deu no *Diário do Grande* ABC. Dezembro de 2003.

Um homem vestido de Papai Noel foi detido nesta quarta-feira por vender heroína em uma movimentada rua de Krefeld (oeste da Alemanhã). Os papelotes da droga ficavam escondidos em baixo da barba branca do 'bom velhinho'.

Quando o adorno da fantasia foi retirado, os policiais reconheceram o homem que já tinha passagem pela polícia.

Albanesa casada com chinês acusa marido de ter Sars

Deu no *Último Segundo*. Maio de 2003.

Uma albanesa casada com um chinês acusou seu marido de estar infectado com o vírus da Síndrome Respiratória Aguda Severa (Sars) para separar-se dele e apoderar-se de seu patrimônio, disse hoje, sábado, a imprensa da Albânia.

Os principais jornais do país relatam o caso da albanesa Monda Malko, de 21 anos, que denunciou à polícia seu marido, Rufei Chen, de 37 anos, por ter viajado à China há 20 dias "para enterrar seus pais, mortos pela Sars".

"Minha vida corre perigo se meu marido não for impedido de passar pela fronteira albanesa, já que ele também pode estar contaminado com a doença", declarou a albanesa à polícia, segundo o jornal Panorama.

O relato da mulher foi o suficiente para que as autoridades policiais dessem o alarme no aeroporto de Rinas e advertissem todas as agências de viagem para "prestar muita atenção" aos vôos nos quais o chinês poderia estar.

Representantes da embaixada chinesa em Tirana desmentiram a notícia e explicaram que "é verdade que Chen foi à China visitar seus pais que têm problemas de saúde, mas por velhice, não por causa da Sars".

O Ministério da Saúde albanês afirmou que não tem informação sobre a possibilidade de contágio do chinês com o vírus da Sars.

Segundo os amigos e vizinhos de Chen, trata-se apenas de uma trama da mulher para ficar com a fortuna adquirida por seu marido em oito anos de trabalho na Albânia.

"A vida de Monda mudou desde o dia do insólito casamento com o chinês, que lhe comprou casa, carro e com quem tem uma menina de dois anos", comentam os vizinhos ao jornal *Korrieri*.

Atualmente, dezenas de chineses possuem negócios na Albânia, concentrados especialmente na capital, e se dedicam à venda a baixo custo de produtos de seu país como roupa, sapatos e brinquedos, o que suscita um certo receio dos comerciantes albaneses.

Casamento patrocinado incluirá publicidade em vestido e buquê

Deu no *Último Segundo*. Novembro de 2002.

A mistura de amor, religião e publicidade dará um toque insólito ao casamento de Carsten Henningsen e Susanne Nielsen, que será celebrado no próximo sábado na cidade de Vojens (sul da Dinamarca) e que será o primeiro casamento patrocinado do país.

Além do tradicional "sim, aceito", a cerimônia contará com particularidades como publicidade de empresas comerciais no vestido e buquê da noiva, terno do noivo e nas alianças dos nubentes, um casal da cidade de Vojens, no sul da península de Jutland.

Para que a publicidade chegue a mais pessoas, os organizadores transmitirão a cerimônia por uma rede de televisão nacional.

A idéia é de um portal dinamarquês da internet especializado em casamentos, que espera aumentar assim sua popularidade e cujos responsáveis se basearam em iniciativas similares realizadas anteriormente nos EUA, nas quais, por exemplo, se mencionavam nomes de empresas comerciais durante a cerimônia.

A princípio, os organizadores não vão chegar ao extremo de alterar a seqüência da cerimônia de casamento para mencionar patrocinadores ou colocar cartazes publicitários na igreja, como num jogo de futebol, mas o pastor luterano que vai celebrá-la não está muito convencido da idéia.

"Estou cético e temos que ter acordos bem claros com os organizadores para saber o que vamos fazer", disse ao jornal Kristeligt Dagblad o sacerdote Peter Kiel Nielsen, acrescentando que achava que seria apenas "um casamento transmitido ao vivo com o a menção dos patrocinadores no fim".

Apesar de o sacerdote se mostrar cético, não faltaram casais interessados.

Mais de duzentos casais se apresentaram para o concurso que escolheu os "felizardos", atraídos mais pelo prêmio de 100.000 coroas (13.666 dólares) oferecido pelos organizadores do que pela atenção pública de serem os pioneiros neste tipo de cerimônia na Dinamarca.

Água britânica contém traços de Prozac

Deu na BBC. Agosto de 2004.

Traços do antidepressivo Prozac podem ser encontrados na água bebida na Grã-Bretanha, segundo um estudo.

O relatório da Agência para o Meio Ambiente sugere que tanta gente toma o remédio que resíduos estão se concentrando em rios e na água encontrada em solo britânico.

Uma reportagem publicada pelo jornal Observer neste domingo afirma que a agência do governo que monitora o meio ambiente discutiu o impacto na saúde humana.

Um porta-voz da Inspetoria de Água Potável (DWI na sigla em inglês) disse que muito provavelmente o Prozac encontrado está extremamente diluído.

"Alarmante"

O estudo da Agência do Meio Ambiente concluiu que o Prozac encontrado na água pode ser potencialmente tóxico e é uma "potencial preocupação".

O jornal afirma que ambientalistas estão pedindo uma investigação urgente sobre o assunto.

Segundo o jornal, o porta-voz para meio ambiente do Partido Liberal Democrata, da oposição, o parlamentar Norman Baker, disse que "a princípio parece um caso de medicação maciça disfarçada para um público que não suspeita de nada."

Ele teria dito que "é alarmante que ninguém tenha monitorado os níveis de Prozac ou resíduos de outros medicamentos na água potável britânica."

Aumento de receitas

A DWI declarou que é pouco provável que o Prozac encontrado na água represente algum risco, porque está "muito diluído". O jornal afirma que a descoberta aumenta a preocupação de que o remédio esteja sendo amplamente receitado pelos médicos.

Entre 1991 e 2001, o número de receitas médicas para antidepressivos aumentou de 9 milhões por ano para 24 milhões por ano, informa o jornal.

Especialistas afirmam que o antidepressivo chega aos rios e ao sistema de água através do tratamento dos esgotos. Não se sabe qual a quantidade exata de Prozac encontrada na água britânica.

O petróleo do mundo é suficiente para 41 anos

Deu em *O Debate*. Julho de 2004.

As descobertas de novas fontes de petróleo não acompanham o aumento do consumo.

O mundo tem petróleo suficiente para os próximos 41 anos, constatou a British Petroleum (BP) no estudo "Revisão estatística de energia mundial de 2004". Segundo a pesquisa, o ritmo de descobertas não está acompanhando o crescimento global do consumo. No Brasil, há reservas para 18 anos. A edição anterior do estudo mostrava que, no fim de 2002, havia reservas suficientes para 42,3 anos.

O levantamento da BP, que é uma referência do setor, indica que as reservas provadas mundiais passaram de 1,146 trilhão de barris em 2002 para 1,148 trilhão em dezembro de 2003, uma alta de 0,17%. Enquanto isso, o consumo cresceu a uma taxa muito maior: 2,1%.

"O consumo mundial está aumentando e a produção, desde 1999, não acompanha essa velocidade", explica o professor Arlindo Charbel, da Universidade Estácio de Sá. No Brasil, no fim de 2003, a produção totalizava 1,55 milhão de barris por dia (3,3% a mais do que em 2002), para um consumo de 1,8 milhão.

Viúva quer anel de diamante feito com cinzas do marido

Deu em *O Estado de Minas*. Agosto de 2004.

Uma família britânica mandou fazer anéis com os restos mortais do falecido patriarca, depois de transformá-los em diamantes sintéticos.

As cinzas de Brian Tandy já foram transformadas em diamantes pela empresa LifeGem a pedido da viúva de Tandy, Lin, e das duas filhas dele, Gayle e Claire.

Lin Tandy agora pediu à firma, que teve que enviar as cinzas para os Estados Unidos para fazer o diamante, sugestões de como transformar as pedras em anéis.

Um representante da empresa percorreu então as joalherias da cidade de Brighton, no sul da Grã-Bretanha, para aconselhar os joalheiros sobre como lapidar as pedras.

Processo comercial

Nos Estados Unidos, os restos mortais do geólogo Brian Tandy foram aquecidos a altíssimas temperaturas, sob alta pressão, para produzir os diamantes.

Do processo, resultou um cristal que foi então polido e lapidado. A pedra amarela da viúva foi a primeira a ser criada e custou 2,2 mil libras, o equivalente a cerca de R$ 13 mil.

Tandy então encomendou mais dois diamantes para as filhas como recordação do pai, que sofreu um ataque cardíaco fulminante em 2003.

"Foi uma homenagem muito pessoal ao meu marido. A decisão de mandar fazer (as pedras) foi muito emocionante e não foi fácil de tomar", disse a viúva.

"Pensamos muito tempo sobre o assunto, e elas só queriam algo muito pessoal dos pais delas."

'Memorial móvel'

O processo utilizado pela LifeGem para transformar cinzas em diamantes é a extração do carbono das cinzas, que então é purificado.

A partir disso, o carbono é tratado em uma prensa comercial de diamantes e transformado em pedras.

"No entanto, é um diamante sintético com uma fonte de carbono específica, que é o seu ente querido", explica David Hampson, executivo-chefe da empresa.

"É a essência da pessoa que você perdeu, é um grande memorial móvel que nunca sai do seu lado. Descobrimos que isso é um grande consolo para muita gente."

Menina de 4 anos foge de casa para encontrar com noivo

Deu na *Folha Online*. Março de 2004.

Uma menina de quatro anos fugiu de casa, mochila ao ombro, para encontrar seu "noivo", de seis anos, mas foi localizada pouco depois e rapidamente devolvida à residência de seus pais pela polícia, informaram hoje fontes policiais francesas.

O fato insólito ocorreu no último sábado em Alenzón (oeste da França), onde duas senhoras, surpresas de ver uma menina tão pequena caminhar sozinha pela rua às 6 horas, perguntaram a ela se estava perdida e a levaram a uma delegacia.

A menina, que tinha fugido de casa sem que seus pais percebessem, explicou que queria apenas visitar seu "noivo", um garotinho apenas dois anos "mais velho" do que ela.

Os policiais não tiveram dificuldades para encontrar a casa da menina, perto do local onde as duas mulheres a encontraram, e a levaram de volta. Foi enorme a surpresa dos pais, que ainda nem tinham percebido a "fuga" da filha.

Em suma, a escapada romântica da pequena apaixonada durou no total somente 15 minutos.

Chuva de milhões: maleta cai de um carro e chove dinheiro na Alemanha

Deu no UOL. Setembro de 2003.

Uma insólita "chuva" de dinheiro ocorreu esta quarta-feira em uma rodovia de Bochum (Oeste), que teve de ser fechada ao tráfego por dez minutos.

Uma maleta, contendo dezenas de milhares de euros, caiu de um veículo que tinha acabado de entrar na autopista. O motorista havia deixado por esquecimento a maleta no capô de seu carro durante uma parada.

Nos dez minutos em que a rodovia esteve fechada, sumiram não só a maleta como também a maior parte do dinheiro. Só foram recuperados cerca de 3.000 euros. A polícia está em busca de um indivíduo que, segundo testemunhas, apanhou a maior parte das cédulas espalhadas e fugiu.

Museu britânico quer usar dejetos para gerar energia

Deu na BBC. Agosto de 2004.

O Museu de Ciência de Londres quer usar seus banheiros para diminuir a conta de luz. A administração acredita que as fezes de seus mais de três milhões de visitantes ao ano podem ser transformadas em energia.

Elas seriam acumuladas em tanques depois processadas e queimadas como combustível – ou transformadas através da reação química com micróbios especiais – para fornecer energia às lâmpadas. A conta de luz do Museu está entre seus maiores gastos.

Jon Tucker, chefe do museu, declarou à BBC que "como a entrada é gratuita, seria um ótimo jeito de os visitantes darem algo em troca, ajudando a manter as despesas baixas. Energia do cocô é algo que queremos testar assim que houver meios práticos. Assim como todas as fontes de energia, você deve aproveitar ao máximo o que tem à disposição. Nós com certeza temos visitantes em abundância – e quase todos usam nossos banheiros".

Alemães usam uréia para reduzir poluição de caminhões

Deu no *Último Segundo*. Julho de 2004.

A indústria automobilística européia achou uma solução inusitada para diminuir a poluição nas estradas européias: misturar uréia ao óleo diesel dos caminhões.

Os caminhões que trafegam pela Europa vão ter que obedecer normas mais rígidas de proteção ao meio ambiente a partir de 2007. Nesse ano vai entrar em vigor uma nova lei da União Européia que limita ainda mais a emissão de poluentes por parte de caminhões pesados.

Dono de imóvel acha inquilino morto no sofá há mais de um ano

Deu no JB *Online*. Maio de 2003.

O proprietário de um imóvel, cujo aluguel havia deixado de ser pago há meses, deparou-se com o esqueleto do inquilino, falecido há mais de um ano, informaram nesta segunda-feira fontes policiais.

Ao não conseguir entrar em contato com o inquilino de seu apartamento de Saint-Etienne (leste da França) há meses, o proprietário foi até o local, na semana passada, em companhia de um agente judicial.

Ao chegar ao lugar, se depararam com o esqueleto do inquilino sentado no sofá da sala. Segundo a polícia, a morte do homem de 42 anos, que havia passado desapercebida, teria ocorrido há mais de um ano.

Berlim instala cestos de lixo 'falantes' que agradecem e alertam população

Deu na BBC. Novembro de 2003.

A cidade de Berlim vai usar de um recurso inusitado para incentivar moradores e turistas a manter a cidade limpa: cestos de lixo falantes.

O departamento de coleta de lixo da cidade vai instalar cestos com alto-falantes movidos a energia solar nos pontos mais movimentados da capital alemã a partir do ano que vem.

Os cestos vão conter várias mensagens, desde um agradecimento a quem jogar o lixo no lugar certo até assobio, música ou barulhos diversos, como vidro quebrando ou papel sendo amassado.

Segundo uma porta-voz da prefeitura de Berlim, a cidade quer atrair a atenção dos pedestres para a limpeza das ruas.

Sueco encontra sua carteira 56 anos depois de perdê-la

Deu no UOL. Novembro de 2002.

Holger Granlund, um cidadão sueco de 76 anos, acaba de encontrar sua carteira 56 anos depois de tê-la perdido, informou nesta sexta a agência "TT".

Granlund prestava o serviço militar em Boden (norte do país) quando perdeu sua carteira, no momento em que estava de guarda nos estábulos de seu quartel.

O quartel ainda existe, e Granlund foi chamado para buscar sua carteira, achada no celeiro dos estábulos, quando estava sendo demolido.

A carteira estava quase intacta: dentro continuavam a carteira de habilitação para motocicletas, os cartões de racionamento para o café e o pão e algumas fotos de jovens mulheres.

Faltava, porém, uma nota de 20 coroas suecas.

Não se sabe o que a carteira fazia no celeiro. Segundo Holger Granlund, que agora vive a 150 km dali, alguém a encontrou, ficou com o dinheiro e a jogou no celeiro.

Oriente Médio

Bancos caseiros de esperma são possíveis

Deu no *Estranhomasverdade*. Novembro de 2003.

A primeira tentação é dizer: por favor, não repita isto em casa. Mas uma equipe de investigadores da Arábia Saudita diz que é possível armazenar esperma em casa, secá-lo ao ar, como quem seca as meias, e depois usá-lo sem que perca suas características essenciais.

Daniel Imoedemhe, do Centro de Reprodução Assistida de Jeddah, contou em Madrid, durante a reunião anual da Sociedade Européia de Reprodução Humana e Embriologia, que as críticas de outras equipes consistiam em dizer que, secos naturalmente, os espermatozóides perdiam a mobilidade e logo seriam inaptos para conquistar e perfurar o óvulo. Mas Imoedemhe diz que usando o método de injeção intracitoplasmática – que consiste em conduzir o espermatozóide, com uma agulha muito fina, até dentro do óvulo –, a falta de mobilidade deixa de representar um problema.

A equipe defende que a conservação em câmaras de azoto líquido, dispositivos muito caros, pode ser substituída por uma secagem do esperma à temperatura ambiente, salvaguardando apenas o contágio com poeiras e corpos estranhos. Depois da secagem, uma passagem pelo frigorífico de casa. As características genéticas, que é aquilo que interessa, permanecem intactas. Para provar isso, Imoedemhe e o seu grupo fertilizaram 24 óvulos, sendo que dois deles desenvolveram dois blastócitos saudáveis, ou seja, dois embriões até o quinto ou sexto dia de desenvolvimento.

Médico acredita que iraniana deu à luz um sapo

Deu no *Terra*. Junho de 2004.

Uma mulher iraniana diz ter dado à luz um sapo, segundo uma reportagem publicada no jornal Etemaad. De acordo com o jornal, a versão foi confirmada pelo ginecologista da mulher, que disse que a menstruação dela estava atrasada em seis meses, quando uma ultra-sonografia revelou o que parecia ser um "cisto" no abdômen.

Depois de intenso sangramento, a mulher – cuja identidade não foi revelada – teria dado à luz um "sapo cinza". O médico acredita que o "cisto" era a larva do sapo, que teria entrado no corpo da mulher, desenvolvendo-se dentro dela até se tornar um sapo adulto.

Piscina suja

Outros especialistas entrevistados pelo jornal especulam que a mulher, mãe de dois filhos, tenha adquirido a larva em uma piscina suja. Alguns dos entrevistados cogitaram até que tudo não passe de uma desordem genética, chamando atenção para as similaridades da criatura que "nasceu" da mulher e um feto humano.

O jornal se refere à criatura como "o chamado sapo" e diz que testes anatômicos e genéticos ainda precisarão ser realizados para determinar o que exatamente saiu do corpo da mulher.

Suicida fracassado se recusa a pagar custos de seu salvamento e é processado

Deu no UOL. Julho de 2004.

A Estrela de David Vermelha (a Cruz Vermelha israelense) está processando um suicida fracassado que se recusa a pagar os custos do seu salvamento. "É que me salvaram sem meu consentimento", alegou o homem.

A informação foi divulgada nesta quinta-feira pelo jornal Yediot Aharanot. Segundo a publicação, no dia do socorro, a ambulância da Estrela Vermelha foi chamada por um amigo do frustrado suicida. "Sou um homem amargurado e não tenho dinheiro", explicou o quase suicida ao juiz Menajem Klein.

A organização médica enviou a conta do socorro, de 353 shekels (cerca de US$ 80), alguns meses depois do salvamento. No entanto, o juiz condenou o homem a pagar quase 1.000 shekels (aproximadamente US$ 250), quantia que inclui os juros e os custos do julgamento.

Pega ladrão – Fuga 'mágica' de árabe surpreende Israel

Deu em *O Estado de S.Paulo*. Maio de 2002.

Jerusalém – Com Israel e o restante do mundo concentrados segunda-feira nos palestinos e religiosos sitiados na Basílica da Natividade, em Belém, uma história de fuga bem diferente disputava as manchetes, causando assombro, preocupação e até certa dose de respeito, entre israelenses, pela perícia de um palestino. Na madrugada de domingo, Mahmoud Abu Jamous, de 24 anos, ladrão contumaz e acusado de terrorismo, transportado numa gaiola especial lacrada, num ônibus policial fortificado, preso com algemas e também atado nos pés, tendo por acompanhantes dois outros veículos de segurança e vigiado por dez guardas carcerários israelenses, de elite, conseguiu escapar.

O que é pior, ninguém no comboio percebeu que ele se evadira, até um motorista se dar conta e telefonar para a polícia informando que vira o seu tênis repontando para fora da janela gradeada do ônibus. A polícia então se mobilizou para uma busca com helicópteros, cães e centenas de policiais. Mas, a essa altura, Abu Jamous estava longe. "De que mais precisamos para garantir que o preso Jamous parta de um lugar e chegue a seu ponto de destino?", perguntou um colunista no diário Maariv. "Caças a jato?" Numa nação cansada após meses de terror e derramamento de sangue, a insólita fuga de Jamous foi recebida de bom grado como um raro momento de leveza. "Já passamos por tanta coisa. Quando se pode, deve-se rir um pouco", disse o projetista industrial Tamar Meshulan. "Ele (o fugitivo) é provavelmente um gênio. Naturalmente, conhece seu ofício."

Na terça-feira, Jamous finalmente foi recapturado. Estava numa casa vazia na cidade árabe israelense de Furadeis. Exausto, ele não resistiu à prisão.

Israel faz churrasco para "acabar" com greve de presos palestinos

Deu na *Folha Online*. Agosto de 2004.

Tel-Aviv – Cerca de 1.500 presos palestinos começaram ontem uma greve de fome em Israel. O protesto, feito em três penitenciárias do sul do país, deve se espalhar nos próximos dias, segundo os detentos.

Para tentar conter o protesto palestino, as autoridades israelenses pretendem fazer churrascos ao redor das penitenciárias a fim de "despertar mais fome" nos detentos.

Os palestinos exigem melhorias nas condições a que estão submetidos, como a remoção da divisória entre eles e seus visitantes, a implantação de telefones públicos nas penitenciárias, o fim das revistas em presos nus e o aumento da freqüência das visitas de seus familiares.

O ministro da segurança Interna de Israel, Tzahi Hanegbi, nega-se a negociar qualquer item das exigências dos presos. "Não haverá nenhuma flexibilidade nas condições existentes. Por mim, eles podem fazer greve de fome por um dia, por um mês ou até morrerem."

"Guerra psicológica"

Para tentar acabar com o protesto, os carcereiros vão promover churrascos noturnos ao redor da prisão, além de realizar "guerra psicológica" através de boatos que serão espalhados entre os presos. Ainda não há informação sobre o tipo de boato que será divulgado.

Caso a greve se transforme em protestos violentos, a direção dos presídios vai retirar os poucos "privilégios" que são dados aos presos, como a permissão para assistir televisão e ler jornais.

A greve entrou hoje no seu segundo dia e deve ganhar novas adesões. São cerca de 4.000 palestinos presos em Israel por motivos de segurança que incluem a participação ou envolvimento no planejamento de atentados terroristas.

Israel distribui pílulas anti-radiação

Deu em *O Estado de Minas*. Agosto de 2004.

Israel começou a distribuir pílulas anti-radiação às pessoas que moram perto de seus dois reatores nucleares, como forma de prevenção às possibilidades de risco de deterioração, informa um comunicado do exército. "Os tabletes de Lugul protegem da radioatividade em caso de um maior risco de danos em um centro de pesquisa nuclear", explica o comunicado.

As pílulas serão entregues por soldados nas residências das pessoas envolvidas. Além disso, será aberto um centro de distribuição, supervisionado por especialistas.

As primeiras localidades a receber os medicamentos serão Yeroham, Dimona, Aruar, Ksaifa, Idan, Ein-Hazeva, Neot Hakikar, Ein Tamar, Neve-Zohar, Hezva e diversas áreas rurais habitadas por beduínos nômades.

Piloto se irrita e decola sem passageiros em Israel

Deu na *Folha Online*. Maio de 2003.

Um piloto tcheco, irritado com a lentidão deliberada causada por um protesto de funcionários de um aeroporto israelense, voltou para Praga nesta segunda-feira sem passageiros e levando bagagens, informou um porta-voz aeroportuário.

O piloto da CSA Czech Airlines, que aterrissou no aeroporto internacional de Israel, no subúrbio de Tel-Aviv, às 5h15 (23h15 de ontem em Brasília), deveria fazer o vôo de volta 45 minutos mais tarde.

Mas após esperar duas horas e meia para que funcionários do aeroporto descarregassem e recarregassem seu avião, ele desistiu e decolou.

"Ele [o piloto] esperou bastante, e depois obteve aprovação das autoridades tchecas para partir sem passageiros para Praga", afirmou o porta-voz da Autoridade dos Aeroportos de Israel, Pini Schiff.

Lentidão – "Eles permitiram que 82 passageiros desembarcassem, mas nenhum funcionário tiraria a bagagem do avião. Então nós voamos de volta e transportaremos a bagagem para Tel-Aviv mais tarde", disse o porta-voz da CSA Vaclav Kral à Reuters, em Praga.

Ele acrescentou que cerca de 30 passageiros que deveriam voltar para Praga ficaram em Tel-Aviv.

A "operação tartaruga" no aeroporto foi convocada pela federação trabalhista israelense Histadrut, em protesto contra os planos do governo de reduzir os gastos públicos em US$ 2,4 bilhões, por meio de corte de empregos e salários.

Sharon não consegue demitir ministro que se escondeu

Deu no *Último Segundo*. Junho de 2003.

O primeiro-ministro israelense, Ariel Sharon, não conseguiu concluir nesta sexta-feira mais uma de suas jogadas políticas: a de destituir dois ministros para que o governo aprove no domingo seu plano de desligamento dos palestinos, uma vez que um deles se escondeu para não ser oficialmente demitido.

Trata-se do ministro de Turismo de Israel, Benny Elón, que está em paradeiro desconhecido e a quem as autoridades do governo israelense não conseguiram entregar sua carta de destituição.

A lei israelense estabelece que a demissão deve ser notificada por escrito e que só se torna efetiva 48 horas depois de a pessoa recebê-la.

GRÁFICA PAYM
Tel. (011) 4392-3344
paym@terra.com.br